ELLEN G. WHITE

DER RETTENDE WEG

Jesus Christus

Advent-Verlag Schweiz

Top Life Center

IMPRESSUM

Originaltitel: *Steps to Christ*
Pacific Press Publishing Association, Nampa, Idaho (USA)
Neu übersetzte deutschsprachige Ausgabe

Projektleitung: Dominik Maurer, Franz Mössner
Übersetzung: Gabriele Pietruska
Fachlektorat: Christian Alt, Johannes Kovar, Dominik Maurer
Layout & Satz: Simon Eitzenberger www.desim.de
Titelfoto: shutterstock.com/tgergo

Verzeichnis der verwendeten Bibelübersetzungen und Fotonachweis auf Seite 160

2. Auflage 2020

Leissigenstraße 17, CH-3704 Krattigen
Verlagsarchivnummer: 4350220

Prager Straße 287, A-1210 Wien
Verlagsarchivnummer: 010220

ISBN 978-3-906309-10-1 (Advent-Verlag Schweiz)
ISBN 978-3-903002-32-6 (TOP LIFE Wegweiser-Verlag Wien)

DER RETTENDE WEG

Jesus Christus

ELLEN G. WHITE

Advent-Verlag Schweiz
Top Life Center

INHALT

VORWORT

Dieses Büchlein ist ein Weltbestseller. Als es 1892 in Chicago unter dem Titel *Steps to Christ* beim Verleger Fleming H. Revell, dem Schwager des berühmten Evangelisten Dwight L. Moody, zum ersten Mal erschien, war die Nachfrage so groß, dass es allein im ersten Jahr sieben Auflagen erfuhr. Der Herausgeber, der großen Wert auf praktische und nützliche Literatur legte, begründete diesen Erfolg mit den Worten: „Es ist ein Werk, das Fragenden hilft, junge Christen inspiriert und reife Gläubige ermutigt und motiviert. Das Buch ist einzigartig hilfreich." Diese Eigenschaft hat es bis heute nicht verloren. Inzwischen ist der kleine Titel zum internationalen Klassiker geworden, der in über 160 Sprachen veröffentlicht und in hunderten Millionen Exemplaren publiziert worden ist. Auch 125 Jahre nach dem ersten Erscheinen ist es eine Perle der geistlichen Literatur.

„Der rettende Weg" hat Millionen von Leserinnen und Lesern Jesus Christus nahegebracht und sie zu einem befreienden und frohen christlichen Leben motiviert. Wie kommt man zum Glauben an Jesus Christus? Was bedeutet sein Tod am Kreuz für uns? Was bewirkt die Liebe Gottes in unserem Leben? Was ist Sünde, was beschreiben die Begriffe Rechtfertigung und Heiligung? Wie wächst ein gesunder Glaube, der Herz und Verstand einbezieht? Was unterscheidet echten Glauben von blinder Unterwerfung? Welche Rolle spielt dabei der menschliche Wille? Was, wenn Zweifel oder Schuldgefühle uns plagen? Was schützt uns vor selbstgerechtem und formalistischem Glauben? Wie können wir beten? Wie liest man die Bibel mit persönlichem Gewinn? Was bedeutet es, durch Christus gerettet zu sein? Wie gestaltet sich verantwortliches, christliches Leben, jenseits von moralischer Selbstüberforderung oder profilloser Unverbindlichkeit? Wie bleibt der Glaube fröhlich, und welche Wirkung hat ein liebevoller Christ auf seine Umgebung?

Solche und viele andere Fragen beantwortet dieses Büchlein einfühlsam und in seltener Klarheit. Man spürt, dass es aus dem aufmerksamen Hören auf die biblischen Zeugnisse von Jesus Christus kommt und aus einer feinfühligen Offenheit für Gottes Wort. Und man merkt, dass es von einem Menschen verfasst worden ist, der sich in aller Ehrlichkeit von den großen Fragen des Glaubens persönlich bewegen ließ. Genau das macht dieses Büchlein zu einem so authentischen und kostbaren Begleiter.

Das umfangreiche literarische Schaffen von Ellen G. White (1827–1915), der weltweit am meisten übersetzten Schriftstellerin, war zeitlebens vom Wunsch getragen, anderen Menschen die Güte und Liebe Gottes, die Weisheit seiner Lebensordnungen und seine großartige Heilsabsicht mit der Welt in allen Facetten nahe zu bringen. Wir freuen uns, mit dieser Jubiläumsausgabe ihr bekanntestes Werk der Öffentlichkeit neu zugänglich zu machen. Wir wünschen allen Leserinnen und Lesern reichen persönlichen Gewinn.

Die Herausgeber

KAPITEL

1

GOTTES LIEBE ZUM MENSCHEN

Die Natur und ebenso die Heilige Schrift bezeugen die Liebe Gottes. Unser Vater im Himmel ist die Quelle allen Lebens, der Weisheit und der Freude. Werfen wir doch nur einen Blick auf die erstaunlichen und wunderschönen Vorgänge in der Natur! Denken wir nur daran, wie phänomenal alles auf die Bedürfnisse sämtlicher Lebewesen abgestimmt ist, sodass der Mensch, aber auch alle anderen geschaffenen Wesen glücklich und zufrieden sein können. Sonnenschein und Regen bringen Freude und Erquickung für Mensch und Natur. Berge und Hügel, Meere und Seen und ausgedehnte Ebenen – all diese Dinge erzählen uns von der Liebe dessen, der all das erschaffen hat. Es ist Gott, der täglich dafür sorgt, dass die Bedürfnisse aller seiner Geschöpfe gestillt werden. Der Psalm-Dichter David drückt dies mit folgenden wunderbaren Worten aus:

„Aller Augen warten auf dich, und du gibst ihnen ihre Speise zur rechten Zeit. Du tust deine Hand auf und sättigst alles, was lebt, mit Wohlgefallen.“ **(Psalm 145,15.16 LUT)**

Gott erschuf den Menschen als ein vollkommenes Wesen, heilig und glücklich. Auch die wunderschöne Erde zeigte nicht den leisesten Hauch eines Verfalls oder auch nur den Schatten eines Fluches, als sie aus der Hand des Schöpfers hervorging. Leid und Tod entstanden erst, als Gottes Gesetz, das ein Gesetz der Liebe ist, übertreten wurde. Doch selbst inmitten allen Leides, das eine Folge der Sünde ist, zeigt sich noch immer Gottes Liebe. In der Bibel (1. Mose 3,17) lesen wir, dass Gott um des Menschen willen einen Fluch über den Ackerboden aussprach. Aber die Dornen und Disteln – sprich, die Schwierigkeiten und Widrigkeiten des menschlichen Lebens, die ihm mühsame Arbeit sowie Sorgen und Kummer bescherten – sollten letzten Endes nur zu seinem Besten dienen. Gott hatte einen Plan, wie er den Menschen aus dem Verderben und der Erniedrigung, die die Sünde mit sich gebracht hatte, wieder emporheben wollte. Alle Beschwerlichkeiten gehören zum pädagogisch notwendigen Teil der Schule Gottes. Aber auch wenn die Welt gefallen ist, gibt es in ihr nicht nur Sorgen, Schmerzen und Elend. Sogar in der Natur selbst finden wir Botschaften voller Hoffnung und Trost. Auf den Disteln entdecken wir Blüten, und die Dornen sind mit Rosen übersät.

„Gott ist Liebe" – das ist die Botschaft, die auf jeder sich öffnenden Knospe und jedem emporsprießenden Halm geschrieben steht. Entzückende Vögel, die ihre fröhlichen Lieder durch die Lüfte klingen lassen, in vollendeter Schönheit gestaltete Blumen, die in zarten Farben erstrahlen und die Luft mit ihrem süßen Duft erfüllen, hoch aufragende Bäume und Wälder mit ihrem üppigen Blätterwerk aus sattem Grün – alle diese Dinge legen Zeugnis von der liebevollen und zärtlichen Fürsorge unseres Gottes ab, der sich wie ein Vater um uns kümmert und sich sehnlich wünscht, seine Kinder glücklich zu machen.

Das wahre Wesen Gottes wird auch in seinem Wort sichtbar. Gott selbst erklärte, wie grenzenlos seine Liebe und wie unendlich groß sein Mitgefühl für uns ist. Als Mose betete: „Lass mich doch deine Herrlichkeit sehen", antwortete ihm

Gott: „Ich will alle meine Güte vor deinem Angesicht vorüberziehen lassen." (2. Mose 33,18.19) Auf diese Weise wollte er ihm seine Herrlichkeit zeigen. Gott ging dann an Mose vorüber und rief aus: „Ich bin der Herr, der barmherzige und gnädige Gott. Meine Geduld, meine Liebe und Treue sind groß. Diese Gnade erweise ich Tausenden, indem ich Schuld, Unrecht und Sünde vergebe." (2. Mose 34,6.7 NLB) Gott ist „langmütig und von großer Gnade", „denn er freut sich, wenn er barmherzig sein kann" (Jona 4,2; Micha 7,18 NLB).

Gott hat sich aufs engste mit unserem Herzen verbunden. Im Himmel und auf der Erde gibt es unzählige Beweise seiner Liebe. Sein Ziel war es, sich durch alles, was wir in der Natur sehen, und durch die tiefsten und zärtlichsten Bande, die menschliche Herzen hier auf dieser Erde erfahren können, selbst zu offenbaren. Und doch zeigen all diese Dinge seine Liebe nur in sehr unvollkommener Weise. Obwohl uns all diese Beweise vor Augen sind, hat der Feind alles Guten das Denken der Menschen so verblendet, dass sie auf Gott immer nur mit Furcht geschaut haben; in ihrer Vorstellung war er streng, nachtragend und unerbittlich. Satan brachte die Menschen dazu, Gott als ein Wesen anzusehen, dessen hervorstechendste Eigenschaft sein unnachgiebiges Beharren auf dem Recht ist. Er stellte ihn in der Rolle des überstrengen Richters und des brutalen, mit peinlicher Genauigkeit fordernden Gläubigers dar. Das von ihm entworfene Zerrbild des Schöpfers war das eines Wesens, das die Menschen eifersüchtig mit Argusaugen beobachtet und nur darauf aus ist, sie bei ihren Irrtümern und Fehlern zu ertappen, damit er sie bestrafen kann. Jesus kam auf diese Erde und lebte unter den Menschen, weil er den dunklen Schatten dieses Zerrbildes von Gott beseitigen wollte, indem er der Welt die unendliche Liebe Gottes offenbarte.

Der Sohn Gottes kam vom Himmel herab, um vorzuleben, wie der himmlische Vater wirklich ist. Zwei seiner Jünger drückten das so aus: „Niemand hat Gott je gesehen. Doch sein einziger Sohn, der selbst Gott ist, ist dem Herzen des Vaters ganz nahe; er hat uns von ihm erzählt.“ (Johannes 1,18 NLB) „Niemand kennt den Vater außer dem Sohn und jenen, denen der Sohn den Vater offenbaren will.“ (Matthäus 11,27 NLB) Als einer der Jünger die Bitte äußerte: „Zeige uns den Vater“, antwortete Jesus: „Philippus, weißt du denn nach all der Zeit, die ich bei euch war, noch immer nicht, wer ich bin? Wer mich gesehen hat, hat den Vater gesehen! Warum verlangst du noch, ihn zu sehen?“ (Johannes 14,8.9 NLB)

Jesus selbst umriss seine Mission auf dieser Erde mit folgenden Worten: Der Herr „hat mich gesalbt, um den Armen die gute Botschaft zu verkünden. Er hat mich gesandt, Gefangenen zu verkünden, dass sie freigelassen werden, Blinden, dass sie sehen werden, Unterdrückten, dass sie befreit werden.“ (Lukas 4,18 NLB) Darum ging es bei seiner Aufgabe. Er zog umher, tat Gutes und heilte alle, die von Satan unterdrückt wurden. Es gab ganze Dörfer, in denen man aus keinem Haus mehr das Wehklagen und Stöhnen leidender Menschen hörte, weil Jesus durch dieses Dorf gegangen war und jeden einzelnen Kranken geheilt hatte. Sein Wirken bewies, dass er von Gott gesalbt war. Jede einzelne Tat seines Lebens offenbarte Liebe, Barmherzigkeit und tiefes Mitgefühl. Voll zartfühlender Anteilnahme verband sich sein Herz mit dem Schicksal der Menschen. Er nahm die menschliche Natur an, um auf die Bedürfnisse der Menschen eingehen zu können. Selbst die Ärmsten und sozial Schwächsten hatten keine Scheu, sich ihm zu nähern. Auch kleine Kinder fühlten sich zu ihm hingezogen. Es bereitete ihnen große Freude, auf seine Knie zu klettern und in sein Gesicht zu schauen, in dem sich so viele Gedanken spiegelten und das so viel Güte und Liebe ausstrahlte.

Nie hielt Jesus auch nur ein Wort der Wahrheit zurück, aber er sprach sie stets in Liebe aus. In seinem Umgang mit den Menschen legte er allergrößtes Feingefühl an den Tag. Er war immer überaus rücksichtsvoll, zuvorkommend und dem Menschen zugewandt. Nie war er grob oder unhöflich, nie sprach er, wenn es nicht sein musste, ein strenges Wort oder bereitete einer empfindsamen Seele unnötigen Schmerz. Menschliche Schwäche stellte er nicht öffentlich bloß. Dennoch sprach er immer die Wahrheit, jedoch in Liebe. Heuchelei, Unglauben und Unrecht prangerte er zwar an, aber wenn er eine scharfe Zurechtweisung aussprechen musste, tat er dies oft mit tränenerstickter Stimme. Er weinte über Jerusalem, die Stadt, die er so sehr liebte, aber die sich geweigert hatte, ihn – der der Weg, die Wahrheit und das Leben war – anzunehmen. Sie hatten ihn, den Erlöser, zurückgewiesen, und doch blickte er voller Mitleid und zartfühlender Liebe auf sie. Sein Leben war ein Leben voller Verzicht, indem er sein eigenes Ich hintanstellte und sich in fürsorglicher Liebe um andere kümmerte. Jeder einzelne Mensch war in seinen Augen unglaublich kostbar. Während er immer eine göttliche Atmosphäre und Würde ausstrahlte, war er sich doch nicht zu schade, sich zu jedem Glied der menschlichen Familie Gottes herabzubeugen und ihm auf höchst zärtliche und liebevolle Weise Respekt zu zollen. In jedem Menschen sah er eine gefallene Seele, deren Rettung er als seine Aufgabe betrachtete.

Alles, was hier beschrieben wurde, ist ein Ausdruck des Wesens Christi, wie es in seinem Leben sichtbar wurde. Es ist das Wesen Gottes. Diese Ströme des göttlichen Erbarmens und Mitgefühls, die in Christus sichtbar wurden, fließen aus dem Herzen des Vaters hin zu den Menschenkindern. Jesus, dieser zartfühlende, mitleidsvolle Heiland und Erlöser, war Gott „geoffenbart im Fleisch" (1. Timotheus 3,16).

Nur um uns zu erretten, lebte, litt und starb Jesus. Er wurde zu einem „Mann der Schmerzen" (Jesaja 53,3), damit wir einmal an der ewigen Freude teilhaben könnten. Gott gab seine Zustimmung, dass sein geliebter Sohn, voller Gnade und Wahrheit, aus einer Sphäre unbeschreiblicher Herrlichkeit auf eine durch die Sünde verunstaltete und verdorbene

Welt hinabstieg, die unter dem Schatten des Fluches und des Todes in Finsternis gehüllt war. Gott ließ es zu, dass sein Sohn die liebevolle Geborgenheit des Vaters verließ und auf die Anbetung und Liebe der Engelscharen verzichtete, um Schimpf und Schande, Beleidigungen, Demütigungen, Hass und schließlich den Tod zu erleiden. „Die Strafe lag auf ihm, damit wir Frieden hätten, und durch seine Wunden sind wir geheilt worden." (Jesaja 53,3) Lassen wir Jesus vor unserem inneren Auge vorüberziehen – dort in der Wüste, im Garten Gethsemane, am Kreuz! Der völlig unschuldige Sohn Gottes nahm die schwere Last der Sünde auf sich. Er, der mit Gott untrennbar verbunden gewesen war, erlitt in seinem Herzen die ganze Wucht dieser furchtbaren Trennung, die die Sünde zwischen Gott und dem Menschen bewirkt. Über seine Lippen kam der gequälte Schmerzensschrei: „Mein Gott, mein Gott, warum hast du mich verlassen?" (Matthäus 27,46) Die schwere Last der Sünde, das Bewusstsein ihrer schrecklichen Tragweite und das Gefühl der durch die Sünde bewirkten Trennung zwischen seiner Seele und Gott – das war es, was das Herz des Sohnes Gottes brach.

Dieses ungeheure Opfer wurde allerdings nicht deswegen von Jesus gebracht, um das Herz seines Vaters dahin zu bewegen, dass er die Menschen liebte und bereit wurde, sie zu retten. Keineswegs! „Gott hat die Menschen so sehr geliebt, dass er seinen einzigen Sohn hergab." (Johannes 3,16 GNB) Es ist nicht so, dass Gott uns aufgrund dieser Versöhnungstat liebt, sondern umgekehrt: Weil er uns liebt, hat er dafür gesorgt, dass diese Versöhnung möglich wurde. In Christus hatte Gott einen Mittler, durch den er die in Sünde gefallene Welt mit seiner unendlichen Liebe überschütten konnte. „Denn Gott war in Christus und versöhnte so die Welt mit sich selbst." (2. Korinther 5,19 NLB) Gott litt gemeinsam mit seinem Sohn. Während der Seelenqualen im Garten Gethsemane und im Todeskampf am Kreuz bezahlte das Herz der unendlichen Liebe den Preis für unsere Erlösung.

Jesus sagte: „Darum liebt mich der Vater, weil ich mein Leben lasse, um es wiederzunehmen." (Johannes 10,17 ELB) Das soll heißen: „Mein Vater hat euch so sehr geliebt, dass seine Liebe zu mir sogar noch größer wird, weil ich mein Leben gebe, damit ihr erlöst werden könnt. Indem ich an eure Stelle getreten bin und die Bürgschaft für euch übernommen habe und indem ich mein Leben aufgab, eure Schulden übernahm und eure Übertretungen auf mich legen ließ, konnte ich die Liebe meines Vaters zu mir noch vertiefen; denn aufgrund meines Opfers kann Gott jeden, der an Jesus glaubt, gerecht sprechen, ohne dass dabei seine Gerechtigkeit geschmälert würde."

Niemand anders als der Sohn Gottes konnte unsere Erlösung vollbringen; denn nur er war dem Herzen Gottes so nahe gewesen, dass er dessen Wesen darstellen konnte. Er war der Einzige, der die Liebe Gottes in ihrem umfassenden Ausmaß, in ihrer Höhe und Tiefe kannte. Deshalb konnte nur er diese Liebe den Menschen verdeutlichen. Nichts Geringeres als das unermesslich große Opfer Christi, das er anstelle der in Sünde gefallenen Menschen auf sich nahm, war imstande, die Liebe des Vaters zur verlorenen Menschheit angemessen zum Ausdruck zu bringen.

„Gott hat die Menschen so sehr geliebt, dass er seinen einzigen Sohn hergab." (Johannes 3,16) Er gab ihn nicht nur, damit er vorübergehend unter den Menschen lebte, ihre Sünden auf sich nahm und als Opfer an ihrer Stelle starb. Nein, Gott übergab Christus der gefallenen Menschheit endgültig: Er sollte sich so sehr mit ihnen solidarisch erklären, dass er sich mit den Interessen und Bedürfnissen der Menschheit identifizierte. Er, der eins mit Gott war, ging eine so enge Verbindung mit den Menschen ein, dass diese Bande niemals wieder aufgelöst werden können. „Darum schämt sich Jesus auch nicht, sie seine Brüder zu nennen." (Hebräer 2,11 NLB) Er ist unser Opfer; er ist unser Fürsprecher; er ist unser Bruder, der in unserer menschlichen Gestalt vor den Thron des Vaters tritt. Und deshalb ist er auch der „Menschensohn“, denn er hat sich durch diese äußere menschliche Form auf ewige Zeiten mit der Menschheit, die er erlöst hat, verbunden. All dies hat er nur aus dem einen Grund auf sich genommen, damit der Mensch aus dem Verderben und der Entartung, die die Sünde mit sich gebracht hatte, wieder emporgehoben werden konnte, sodass er in die Lage versetzt wird, die Liebe Gottes widerzuspiegeln und an der Freude der Heiligkeit wieder teilhaben kann.

Der Preis, der für unsere Erlösung bezahlt werden musste – dieses unendliche Opfer unseres Vaters im Himmel, seinen Sohn herzugeben, damit er an unserer Stelle starb – sollte uns eine viel klarere Vorstellung von den großartigen Möglichkeiten vermitteln, die uns als Menschen durch Christus in Aussicht gestellt sind. Dem Apostel Johannes wurde durch Inspiration das ganze Ausmaß – die Höhe, Tiefe und Breite – der Liebe des Vaters zum Menschengeschlecht gezeigt, das dem Untergang geweiht war. Johannes war überwältigt und von Bewunderung und Ehrfurcht erfüllt. Ihm fehlten die passenden Worte, um das Ausmaß und die tiefe Zärtlichkeit dieser Liebe auszudrücken. Deshalb rief er die Welt auf, sich selbst ein Bild zu machen: „Seht doch, wie sehr uns der Vater geliebt hat! Seine Liebe ist so groß, dass er uns seine Kinder nennt. Und wir sind es wirklich: Gottes Kinder!“ (1. Johannes 3,1 GNB) Was für ein unglaublicher Wert wird dadurch dem Menschen verliehen! Durch die Gesetzesübertretung geraten die Menschen unter die Herrschaft Satans. Aber durch den Glauben an das versöhnende Opfer Christi können die Söhne Adams zu Söhnen Gottes werden. Als Christus die menschliche Natur annahm, hob er die Menschheit auf eine höhere Ebene. Ehemals in Sünde gefallene Menschen erhalten so eine Stellung, die sie – durch die Verbindung mit Christus – würdig macht, „Kinder Gottes“ genannt zu werden.

Eine solche Liebe ist einzigartig! Kinder des himmlischen Königs zu heißen – was für ein kostbares Versprechen! Über diesen unergründlich tiefen Gedanken kann man immer wieder nachsinnen! Wie unvergleichlich ist doch diese Liebe Gottes zu einer Welt, die ihn gar nicht geliebt hat! Dieser Gedanke übt eine besänftigende Macht auf das Herz aus, so dass man sich gern dem Willen Gottes unterwirft. Je mehr wir uns im Licht des Kreuzes mit dem göttlichen Wesen befassen, desto klarer erkennen wir seine Barmherzigkeit, zärtliche Liebe und Vergebungsbereitschaft, die mit Unparteilichkeit und Gerechtigkeit gepaart sind. Und desto deutlicher nehmen wir die unzähligen Beweise einer grenzenlosen Liebe und eines innigen Mitgefühls wahr, das die sehnsüchtige Sorge einer liebenden Mutter um ihr rebellisches Kind weit übersteigt.

KAPITEL

2

SÜNDER BRAUCHEN CHRISTUS

Ursprünglich war der Mensch ein absolut vollkommenes Wesen. Er war mit überragenden Fähigkeiten und ausgewogenen Geisteskräften ausgestattet worden und befand sich in harmonischem Einklang mit Gott. Seine Gedanken waren rein, seine Absichten heilig. Aber durch den Ungehorsam wurde sein Potenzial in eine falsche Richtung gelenkt, und an die Stelle der Liebe trat Egoismus. Seine Natur wurde durch die Übertretung so geschwächt, dass es ihm unmöglich wurde, der Macht des Bösen aus eigener Kraft zu widerstehen. Er wurde zu einem Gefangenen Satans und wäre dies für immer geblieben, wenn Gott nicht gezielt eingegriffen hätte. Das Ziel des Verführers war es, den Plan, den Gott bei der Erschaffung des Menschen verfolgte, zu durchkreuzen und die Erde mit Leid und Zerstörung zu füllen. Dann würde er auf all das Böse verweisen und behaupten, dies sei das Ergebnis des Handelns Gottes, die Folge seiner Erschaffung des Menschen.

In seinem sündlosen Zustand hatte der Mensch große Freude an der Gemeinschaft mit Gott, „in welchem alle Schätze der Weisheit und Erkenntnis verborgen liegen“ (Kolosser 2,3).

Aber nachdem er in Sünde gefallen war, konnte er an der Heiligkeit nichts Beglückendes mehr finden und versuchte, sich vor Gottes Gegenwart zu verbergen. Ein Mensch, der keine Umkehr erfahren hat, empfindet heute noch genauso. Sein Herz ist nicht im Einklang mit Gott, und er kann an der Gemeinschaft mit Gott keine Freude finden. In der Gegenwart Gottes kann ein Sünder nicht glücklich werden. Heiligen Wesen Gesellschaft leisten zu müssen, wäre ihm höchst unangenehm. Der Himmel hätte ihm – wäre ihm der Zutritt erlaubt – keine Freuden zu bieten. Dort herrscht der Geist uneigennütziger, selbstloser Liebe, wo jedes Herz mit der unendlichen Liebe Gottes mitschwingt. Aber diese Atmosphäre würde im Herzen des Sünders auf keine Resonanz stoßen. Seine Gedanken, Interessen und Motive wären völlig anders als die der sündlosen Bewohner. Inmitten der melodischen Harmonie des Himmels wäre er ein Missklang. Im Himmel zu sein wäre für ihn Folter – ein Ort der Qual. Er würde sich danach sehnen, der Gegenwart dessen, der die Lichtquelle des Himmels und der Mittelpunkt aller himmlischen Freude ist, zu entfliehen. Dass die Gottlosen aus dem Himmel ausgeschlossen werden, ist keine willkürliche Anordnung Gottes. Ihr eigener, unwürdiger Zustand macht sie untauglich für die dortige Gesellschaft und schließt sie von der himmlischen Gemeinschaft aus. Die Herrlichkeit Gottes wäre für sie ein verzehrendes Feuer. Sie würden lieber ihre eigene Vernichtung in Kauf nehmen, als dem ins Angesicht schauen zu müssen, der für ihre Erlösung starb.

Aus dieser Fallgrube der Sünde, in die wir gesunken sind, können wir uns niemals aus eigener Anstrengung wieder befreien. Unsere Herzen sind böse, und wir können an diesem Zustand nichts ändern. „Wie könnte denn ein Reiner von einem Unreinen kommen? Nicht ein Einziger!“ „Denn die menschliche Natur steht Gott grundsätzlich feindlich gegenüber. Sie hat sich nicht dem Gesetz Gottes unterstellt und wird es auch nicht können.“ (Hiob 14,4; Römer 8,7 NLB) Erziehung und

Bildung, kultivierte Umgangsformen, der Einsatz der Willenskraft und menschliche Anstrengungen haben alle ihren angemessenen Wirkungsbereich, aber hier sind sie machtlos. Sie sind zwar in der Lage, eine äußerlich korrekte Verhaltensweise zu produzieren, aber sie können keine echte Herzensänderung bewirken. Den Urquell unseres Lebens können sie nicht reinigen. Dazu ist eine Macht nötig, die von innen her wirkt und ein neues Leben von oben her schenkt. Erst dadurch kann beim Menschen eine echte Umwandlung stattfinden – von der Sünde hin zur Heiligkeit. Diese Macht ist Jesus Christus. Seine Gnade allein kann die erstarrten Kräfte der Seele neu beleben und die Freude an Gottes Gegenwart und Heiligkeit wecken.

Der Erlöser sagte: „Wenn jemand nicht von Neuem geboren wird“, – d. h., wenn er nicht ein neues Herz erhält, ihn völlig andere Wünsche, Ziele und Motive antreiben, die zu einem neuen Leben führen – „kann er das Reich Gottes nicht sehen“ (Johannes 3,3). Die Vorstellung, dass man ja nur das Gute, das von Natur aus im Menschen vorhanden ist, weiterzuentwickeln brauche, ist eine verhängnisvolle Täuschung. „Der Mensch kann mit seinen natürlichen Fähigkeiten nicht erfassen, was Gottes Geist sagt. Für ihn ist das alles Unsinn, denn Gottes Geheimnisse erschließen sich nur durch Gottes Geist.“ „Wundere dich nicht, dass ich dir gesagt habe: Ihr müsst von Neuem geboren werden!“ (1. Korinther 2,14 HFA; Johannes 3,7) Über Christus sagt die Bibel: „In ihm war das Leben, und das Leben war das Licht der Menschen.“ „Denn es ist kein anderer Name unter dem Himmel den Menschen gegeben, in dem wir gerettet werden sollen!“ (Johannes 1,4; Apostelgeschichte 4,12)

Man kann rein verstandesmäßig erfassen, was für einen Charakter Gott hat: seine liebevolle Güte, sein Wohlwollen, seine väterliche, zärtliche Liebe. Aber das reicht nicht aus. Es genügt auch nicht, die Weisheit und Gerechtigkeit seines Gesetzes anzuerkennen und festzustellen, dass es auf dem ewigen Prinzip der Liebe gegründet ist. All diese Dinge hatte der Apostel Paulus verstanden, als er ausrief: „Ich gebe zu, dass das Gesetz Gottes gut ist!" „Das Gesetz ist heilig, und das Gebot ist heilig, gerecht und gut." (Römer 7,16.12) Aber aus seinen folgenden Worten sprachen bittere Seelenqual und Verzweiflung: „Ich aber bin als Mensch wie in die Sklaverei verkauft und werde von der Sünde beherrscht." (Römer 7,14 NLB) Er sehnte sich nach Reinheit, nach Rechtschaffenheit, die er aber aus eigener Kraft nicht erreichen konnte. Darum rief er aus: „Ich elender Mensch! Wer wird mich retten von diesem Leibe des Todes?" (Römer 7,24 ELB) Derselbe Aufschrei stieg schon immer zu allen Zeiten und an allen Orten zum Himmel hinauf – aus Herzen, die von Sündenlast niedergedrückt waren. Für all diese Verzweifelten gibt es nur eine Antwort: „Siehe, das Lamm Gottes, das die Sünde der Welt hinwegnimmt!" (Johannes 1,29)

Der Geist Gottes hat versucht, diese Wahrheit durch unterschiedlichste Bilder zu veranschaulichen, um sie den Menschen, die sich nach der Befreiung von der Last ihrer Schuld sehnen, verständlich zu machen. Die Geschichte von Jakob erzählt, wie er aus seinem Vaterhaus floh, nachdem er sich durch den Betrug an seinem Bruder Esau versündigt hatte, und wie ihn seine Schuldgefühle belasteten. Er litt darunter, einsam und ausgestoßen zu sein, getrennt von allem, was ihm im Leben lieb gewesen war. Aber ein Gedanke lastete schwerer als alles andere auf seiner Seele: die Angst, dass ihn seine Sünde endgültig von Gott getrennt habe und er vom Himmel verlassen sei. In tiefer Traurigkeit legte er sich auf dem nackten Erdboden zum Schlafen nieder, nur umgeben von einsamen Bergen und dem sternenklaren Himmel über ihm. Während er schlief, erschien ihm im Traum ein seltsames Licht. Von der Ebene, auf der er lag, schienen schemenhaft geheimnisvolle Stufen weit hinauf nach oben direkt bis zu den Toren des Himmels aufzusteigen. Auf ihnen stiegen die Engel Gottes hinauf und hinab. Gleichzeitig war aus der Herrlichkeit ganz oben Gottes Stimme zu hören, die ihm eine Botschaft voller Trost und Hoffnung überbrachte. Es war eine Botschaft, die die Antwort auf seine inneren Kämpfe war und seine tiefste Sehnsucht stillte: Es gibt einen Erlöser. Voller Freude und Dankbarkeit erkannte er, dass ihm hier eine Möglichkeit offenbart wurde, wie für ihn als Sünder die Gemeinschaft mit Gott wiederhergestellt werden konnte. Die geheimnisvolle Leiter in seinem Traum war ein Bild für Jesus. Er ist dieses Bindeglied – der Einzige, der die Kommunikation zwischen Gott und Mensch herstellen kann.

Als sich Christus mit Nathanael unterhielt, bezog er sich auf genau dieses Sinnbild, als er sagte: „Ihr werdet sehen, dass der Himmel offen steht und die Engel Gottes über dem Menschensohn hinauf- und herabsteigen." (Johannes 1,51 NLB) Durch seinen Abfall hat sich der Mensch von Gott entfremdet. Die Erde wurde vom Himmel abgeschnitten und zwischen beiden entstand eine Kluft. Über diesen Abgrund hinweg war Gemeinschaft nicht mehr möglich. Aber durch Christus wurde die Verbindung zwischen Erde und Himmel wiederhergestellt. Durch seine eigenen Verdienste hat Christus den durch die Sünde entstandenen Abgrund überbrückt, sodass die Engel, die den Menschen dienen, mit ihnen in Verbindung treten können. Christus verbindet den gefallenen, seiner Schwäche und Hilflosigkeit völlig ausgelieferten Menschen mit der Quelle unerschöpflicher Kraft.

Aber alle Träume der Menschen vom Fortschritt sind vergeblich, alle ihre Bemühungen, die Menschheit auf eine höhere Stufe zu heben, umsonst, wenn sie die einzige Quelle der Hoffnung und Hilfe für das gefallene Menschengeschlecht außer Acht lassen. „Jede gute Gabe und jede vollkommene Gabe" (Jakobus 1,17) kommt von Gott. Getrennt von Gott kann sich der Charakter niemals zu wahrer Exzellenz entwickeln. Und der einzige Weg, der zu Gott führt, ist Christus. Er sagt: „Ich bin der Weg und die Wahrheit und das Leben. Niemand kommt zum Vater als nur durch mich." (Johannes 14,6)

Das Herz Gottes sehnt sich nach seinen Kindern auf dieser Erde mit einer Liebe, die stärker ist als der Tod. Mit der Preisgabe seines Sohnes schüttete er in diesem einen Geschenk den gesamten Himmel über uns aus. Der ganze Himmel ist an der Erlösung des Menschen beteiligt – der Erlöser selbst durch sein Leben und Sterben sowie seine Fürsprache, die dienstbaren Engel, der Heilige Geist durch sein flehentliches Mahnen, der Vater, der über allem und durch alle wirkt, und die nie nachlassende Anteilnahme der himmlischen Wesen.

Über dieses unglaubliche, wunderbare Opfer, das für uns gebracht wurde, können wir immer wieder nur staunen! Wie groß sollte doch unsere Wertschätzung für den unendlich hohen Einsatz und die Anstrengungen sein, die der Himmel für die Rückgewinnung der Verlorenen aufwendet, sodass ihnen der Weg zurück ins Vaterhaus wieder offensteht! Könnte es noch stärkere Beweggründe geben, oder könnten noch mächtigere Mittel eingesetzt werden als die, die Gott aufbietet? Niemals! Denken wir an die alles übertreffende Belohnung für rechtes Handeln, den Genuss der himmlischen Freuden, die Gesellschaft der Engel, die Liebe und innige Gemeinschaft mit Gott und seinem Sohn! Denken wir an die Veredelung und Weiterentwicklung all unserer Kräfte durch ewige Zeitalter hindurch – sind all diese Aussichten nicht äußerst starke Anreize und Ermutigungen, die uns anspornen sollten, unserem Schöpfer und Erlöser unser Herz in liebevollem Dienst vorbehaltlos zu übergeben?

Auf der anderen Seite enthält das Wort Gottes eindringliche Warnungen vor den Folgen, wenn wir uns dem Dienst Satans verschreiben: die angekündigten Strafgerichte Gottes über die Sünde, die unausweichliche Vergeltung, die Vernichtung am Ende der Welt und die Entartung und Erniedrigung unseres Charakters.

Sollten wir nicht Gottes barmherziges Angebot beachten? Was könnte er noch mehr tun? Wir sollten alles daransetzen, zu ihm, der uns mit einer solch erstaunlichen Liebe geliebt hat, die richtige Beziehung aufzubauen. Wir sollten die Mittel, die er uns anbietet, in Anspruch nehmen, sodass wir in sein Ebenbild umgewandelt werden. Dann werden wir mit den Engeln, die uns zu Diensten stehen, wieder direkten Umgang pflegen können. Die verlorengegangene Harmonie und Gemeinschaft mit dem Vater und dem Sohn werden wiederhergestellt werden.

KAPITEL

3

REUE UND UMKEHR

„Wie kann ein Mensch rechtschaffen sein vor Gott?" (Hiob 9,2) Wie kann aus einem Sünder ein Gerechter werden? Christus ist der einzige Weg, durch den die Harmonie mit Gott, mit der Heiligkeit, wiederhergestellt werden kann. Aber wie können wir zu Christus finden? Viele stellen heute die gleiche Frage wie die Menge damals zu Pfingsten, als die Menschen – übermannt vom Bewusstsein ihrer Sünde – ausriefen: „Was sollen wir tun?" Als ersten Punkt nennt Petrus in seiner Antwort: „Tut Buße!" (Apostelgeschichte 2,37.38) Wenig später sagte er bei einer anderen Gelegenheit: „So tut nun Buße und bekehrt euch, dass eure Sünden ausgetilgt werden." (Apostelgeschichte 3,19)

Zur Buße gehört, dass man traurig und bekümmert über seine Sünde ist und sich bewusst von ihr abwendet. Wir werden die Sünde erst aufgeben, wenn wir ihr wahres Wesen verstanden haben. Solange wir uns nicht wirklich innerlich von ihr trennen, wird es keine echte Veränderung in unserem Leben geben.

Viele Menschen verstehen nicht, was echte Buße bedeutet. Sehr häufig bedauern sie ihre sündigen Taten und ändern nach außen hin sogar ihr Verhalten, weil sie befürchten, dass ihr Fehlverhalten Leid über sie bringen könnte. Aber das ist keine Buße, wie die Bibel sie versteht. Sie beklagen zwar die negativen Konsequenzen ihres Handelns, aber nicht die Sünde an sich. Genau das passierte im Leben von Esau. Er war enttäuscht und verletzt, als ihm bewusst wurde, dass er sein Erstgeburtsrecht für immer verspielt hatte. Ebenso Bileam: Der Engel, der sich ihm mit gezücktem Schwert in den Weg gestellt hatte, versetzte ihn in Angst und Schrecken, und so bekannte er seine Schuld – einfach, weil er um sein Leben fürchtete. Aber er empfand keine echte Reue für seine Sünde, es kam zu keiner Neuorientierung in seinem Leben, und er verspürte keine Abscheu gegenüber dem Bösen. Das nächste Beispiel betrifft Judas Ischariot. Nachdem er seinen Herrn verraten hatte, rief er aus: „Ich habe gesündigt, dass ich unschuldiges Blut verraten habe!“ (Matthäus 27,4)

Es war das schreckliche Gefühl der drohenden Verdammnis, die angsterfüllte Erwartung des Gerichts, die seiner schuldbeladenen Seele dieses Bekenntnis abgerungen hatte. Die zu erwartenden Konsequenzen seiner Tat erfüllten ihn mit panischer Angst, aber es fehlte der tief empfundene, herzzerreißende ehrliche Kummer darüber, dass er den schuldlosen Sohn Gottes verraten und den Heiligen Israels verleugnet hatte. Im letzten Beispiel denken wir an Pharao. Als er die Gerichte Gottes erleiden musste, bekannte er seine Sünde, um weiteren Strafgerichten zu entgehen. Doch immer wenn den Plagen Einhalt geboten war, bot er dem Himmel wieder wie vorher trotzig die Stirn. All die genannten Personen beklagten die Folgen ihrer Sünde, aber sie trauerten nicht über die Sünde an sich.

Wenn ein Mensch im Gegensatz dazu sein Herz dem Einfluss des Heiligen Geistes öffnet, erwacht sein Gewissen, und der Sünder fängt an, die Tiefe und Heiligkeit des Gesetzes Gottes zu erfassen. Dieses Gesetz ist die Grundlage der göttlichen Regierung, welche Himmel und Erde umfasst. Das „wahre Licht, welches jeden Menschen erleuchtet“ (Johannes 1,9), erhellt die geheimen Ecken unseres Herzens und bringt die im Dunkeln verborgenen Dinge ans Licht. Die Erkenntnis der eigenen Schuld erfasst Herz und Verstand. Der Sünder bekommt ein Gespür für die Gerechtigkeit Jahwes und wird bei der Vorstellung, in seinem schuldbeladenen und unreinen Zustand vor dem erscheinen zu müssen, der die Herzen erforscht, von Furcht überwältigt. Er erkennt die Liebe Gottes, die Schönheit der Heiligkeit, die Freude der Reinheit und sehnt sich danach, wieder gereinigt und in die Gemeinschaft mit dem Himmel zurückgeführt zu werden.

Ein Beispiel dafür, wie echtes Bedauern über die Sünde aussieht, finden wir im Gebet Davids nach seinem Fehltritt. Seine Reue kam aus tiefstem, aufrichtigem Herzen. Er versuchte erst gar nicht, seine Schuld zu beschönigen, und sein Gebet entsprang auch nicht dem Wunsch, dem angedrohten Gericht zu entkommen. David war sich der Ungeheuerlichkeit seiner Gesetzesübertretung bewusst. Er sah, wie beschmutzt seine Seele war, und verabscheute seine sündige Tat. Er betete nicht nur um Vergebung der Sünde, sondern um Reinheit des Herzens. Er sehnte sich danach, wieder die Freude eines heiligen Zustands zu erleben, mit Gott im Einklang zu stehen und Gemeinschaft mit ihm zu pflegen. Die tiefsten Gefühle seines Herzens kleidete er in folgende Worte:

„Freuen dürfen sich alle, denen Gott ihr Unrecht vergeben und ihre Verfehlungen zugedeckt hat! Freuen dürfen sich alle, denen der Herr die Schuld nicht anrechnet und deren Gewissen nicht mehr belastet ist!“ **(Psalm 32,1.2 GNB)**

„Gott, du bist reich an Liebe und Güte; darum erbarme dich über mich, vergib mir meine Verfehlungen! ...

Ich weiß, ich habe Unrecht getan, meine Fehler stehen mir immer vor Augen. ...

Nimm meine Schuld von mir, dann werde ich rein! Wasche mich, dann werde ich weiß wie Schnee! ...

Gott, schaffe mich neu: Gib mir ein Herz, das dir völlig gehört, und einen Geist, der beständig zu dir hält. Vertreibe mich nicht aus deiner Nähe, entzieh mir nicht deinen Heiligen Geist! Mach mich doch wieder froh durch deine Hilfe und gib mir ein gehorsames Herz! ...

Gott, du bist mein Retter! Ich habe den Tod verdient, aber verschone mich! Dann werde ich laut deine Treue preisen" (Psalm 51,3-16 GNB).

Eine solche Reue kann kein Mensch aus eigener Kraft hervorbringen. Nur Christus kann sie schenken, der „emporgestiegen ist zur Höhe ... und den Menschen Gaben gegeben hat" (Epheser 4,8).

Genau an diesem Punkt entwickeln viele Menschen falsche Vorstellungen und verpassen so die Hilfe, die Christus ihnen so gern anbieten möchte. Sie denken, sie könnten erst zu Christus kommen, nachdem sie ihre Sünde bereut haben – dass also ihre Reue den Weg für die Sündenvergebung bahnt. Natürlich stimmt es, dass vor der Vergebung die Reue kommen muss. Denn nur ein zerbrochenes und reumütiges Herz spürt, dass es einen Erlöser braucht. Heißt das aber, dass der Sünder warten muss, bis er bereut hat, bevor er zu Jesus kommen kann? Darf die Frage nach der Reue zu einer Hürde werden, die zwischen dem Sünder und dem Erlöser steht?

Die Bibel lehrt an keiner Stelle, dass der Sünder Reue zeigen muss, bevor er der Einladung Christi Folge leisten kann. Sie sagt vielmehr: „Kommt alle her zu mir, die ihr euch abmüht und unter eurer Last leidet! Ich werde euch Ruhe geben." (Matthäus 11,28 HFA) Es ist Christus, der echte Reue und Umkehr bewirkt. In seiner Aussage vor dem jüdischen Hohen Rat machte Petrus diese Tatsache klar: „Diesen [Jesus] hat Gott zum Fürsten und Retter zu seiner Rechten erhöht, um Israel Buße und Vergebung der Sünden zu gewähren." (Apostelgeschichte 5,31) Ohne den Geist Christi, der unser Gewissen wachrüttelt, können wir genauso wenig echte Reue empfinden, wie wir ohne Christus Vergebung empfangen können.

Jeder positive Impuls hat seinen Ursprung in Christus. Er ist der Einzige, der unsere Herzen mit Abscheu vor der Sünde erfüllt. Jedes Verlangen nach Wahrheit und Reinheit sowie die Erkenntnis unserer eigenen Sündhaftigkeit sind ein Beweis, dass sein Geist an unserem Herzen wirkt.

Jesus sagte: „Ich aber werde von der Erde erhöht werden, und dann werde ich alle zu mir ziehen." (Johannes 12,32 GNB) Zuerst muss dem Sünder Christus als der Erlöser offenbart werden, der für die Sünden der Welt gestorben ist. Wenn wir Christus, das Lamm Gottes, vor unserem inneren Auge dort am Kreuz hängen sehen, beginnt sich dieses Geheimnis der Erlösung langsam in unserem Bewusstsein zu entfalten, und die Güte Gottes führt uns zur Reue. Indem Christus anstelle der Sünder starb, offenbarte er eine Liebe, die unser Fassungsvermögen bei Weitem übersteigt. Und indem der Sünder über diese Liebe nachdenkt, erweicht sie sein Herz, beeindruckt seinen Verstand und weckt tiefe Reue.

Es stimmt, dass sich Menschen manchmal für ihr sündiges Verhalten schämen und einige ihrer schlechten Gewohnheiten aufgeben, noch bevor ihnen bewusst ist, dass Christus dabei um sie wirbt. Aber wann immer ein Mensch sich darum bemüht, Dinge in seinem Leben zum Positiven zu verändern – einfach weil er sich aufrichtig danach sehnt, das Richtige zu tun – dann ist die Macht Christi die treibende Kraft dahinter. Ohne dass der Mensch sich dessen bewusst ist, steht seine Seele unter diesem Einfluss. Das Gewissen wird sensibilisiert, und das äußere Verhalten verändert sich zum Positiven. Wenn Christus den Blick des Menschen auf das Kreuz lenkt, damit er den erblickt, der wegen seiner Sünden durchbohrt wurde, erwacht sein Gewissen, und ihm wird die Bedeutung der Gebote Gottes klar. Die ganze Gottlosigkeit seines bisherigen Lebens, die tief in seiner Seele verwurzelte Sünde steht ihm deutlich vor Augen. Er beginnt langsam zu begreifen, worum es bei der Gerechtigkeit Christi geht, und ruft aus: „Wie schrecklich ist doch die Sünde, dass ein solches Opfer für die Errettung derer, die unter ihre Knechtschaft geraten sind, erforderlich war! War wirklich all diese Liebe, all dieses Leiden, all diese Erniedrigung notwendig, damit wir ewiges Leben erlangen können und nicht zugrunde gehen müssen?"

Der Sünder kann sich gegen diese Liebe wehren und sich weigern, sich zu Christus ziehen zu lassen. Aber wenn er sich ihr nicht widersetzt, wird er zu Jesus hingezogen werden. Wenn er die Bedeutung des Erlösungsplans erkennt, wird ihn dies voller Reue über seine Sünden, die das Leiden des geliebten Gottessohnes verursacht haben, zum Fuß des Kreuzes führen.

Derselbe göttliche Geist, der überall in der Natur wirksam ist, spricht auch zu den Herzen der Menschen und weckt in ihnen eine unaussprechliche Sehnsucht nach etwas, was ihnen fehlt. Dieses Verlangen kann nicht durch irgendwelche Angebote dieser Welt gestillt werden. Sie spüren das intensive Drängen des Heiligen Geistes, nach den Dingen zu streben, die wirklich Frieden und Ruhe geben können – nämlich die Gnade Christi und die Freude eines heiligen Lebens. Auf sichtbare und unsichtbare Weise übt Christus unaufhörlich seinen Einfluss aus, um das Denken der Menschen von den unbefriedigenden Vergnügungen der Sünde weg auf die unermesslichen Segnungen zu lenken, die sie erwarten, wenn sie sich für ihren Erlöser entscheiden. An alle Menschen, die vergeblich versuchen, aus den brüchigen Zisternen dieser Welt ihren Durst zu stillen, ergeht der göttliche Ruf: „Wer durstig ist, soll kommen! Und wer von dem Wasser des Lebens trinken will, wird es geschenkt bekommen!" **(Offenbarung 22,17 GNB)**

Wenn du dich tief in deinem Herzen nach etwas Besserem sehnst, als es diese Welt dir bieten kann, dann mach dir bewusst, dass diese Sehnsucht die Stimme Gottes ist, die zu deinem Inneren spricht! Bitte ihn, dass er dir Reue schenkt und dir Christus in seiner unendlichen Liebe und vollkommenen Reinheit offenbart. Im Leben des Erlösers wurden die Grundsäulen des Gesetzes Gottes – nämlich Liebe zu Gott und zum Menschen – auf vollkommene Weise veranschaulicht. Anderen in selbstloser Liebe Gutes zu tun – hierin ging er völlig auf. Wenn wir ihn und sein Leben betrachten und das von unserem Erlöser ausgehende Licht auf uns fällt, wird uns die Sündhaftigkeit unseres eigenen Herzens bewusst.

Vielleicht haben wir uns – ähnlich wie Nikodemus – bisher eingebildet, dass unser Lebenswandel doch ganz in Ordnung und an unserem Charakter nichts auszusetzen sei. Wir meinten, dass für uns keine Notwendigkeit bestehe, unser Herz wie jeder andere Sünder vor Gott zu demütigen. Aber wenn das Licht Christi in unser Herz strahlt, sehen wir plötzlich, dass wir alles andere als rein sind. Uns wird bewusst, wie selbstsüchtig unsere Motive sind und wie jede Handlung unseres Lebens von der Feindschaft gegen Gott geprägt und verunreinigt ist. Auf diese Weise erkennen wir, dass unsere eigene Gerechtigkeit in Wirklichkeit nur schmutzigen Lumpen gleicht und uns allein das Blut Christi von der Verunreinigung durch die Sünde reinwaschen kann. Er allein erneuert unser Herz und macht uns ihm ähnlich.

Ein einziger Lichtstrahl der Herrlichkeit Gottes, nur ein Schimmer der Reinheit Christi, der die Seele durchdringt, macht auf schmerzliche Weise jeden kleinsten Fleck der Verunreinigung sichtbar und legt die Fehlentwicklungen und Mängel des menschlichen Charakters bloß. Unsere unheiligen Wünsche, die Treulosigkeit des Herzens, unsere unreine Sprache – alles wird offengelegt. Wenn der Sünder Gott gegenüber nicht loyal war und so Gottes Gesetz in Misskredit gebracht hat, wird ihm das deutlich vor Augen geführt. Der durchdringende Einfluss des Geistes Gottes öffnet ihm die Augen, und der Mensch ist zutiefst betroffen und betrübt. Er verachtet sich selbst, wenn er den reinen, makellosen Charakter Christi betrachtet.

Als ein Bote aus dem Himmel zu Daniel gesandt wurde und der Prophet die ihn umgebende strahlende Herrlichkeit sah, wurde er vom Bewusstsein seiner eigenen Schwäche und Unvollkommenheit überwältigt. Er beschreibt die Wirkung, die diese unglaubliche Szene auf ihn hatte, folgendermaßen: „Da verließen mich alle meine Kräfte, ich wurde kreidebleich und konnte mich kaum noch aufrecht auf meinen Beinen halten." (Daniel 10,8 HFA) Wenn jemand so in seinem tiefsten Inneren berührt wird, verabscheut er seinen eigenen Egoismus und seine Selbstverliebtheit und wird danach streben, mithilfe der Gerechtigkeit Christi eine Reinheit des Herzens zu erlangen, die im Einklang mit dem göttlichen Gesetz und dem Charakter Christi steht.

Der Apostel Paulus schrieb, dass er im Hinblick auf die vom Gesetz geforderte Gerechtigkeit, an seinen äußerlichen Taten gemessen, „untadelig“ war (Philipper 3,6). Aber erst als er die geistliche Dimension und den eigentlichen Sinn des Gesetzes erkannte, wurde ihm bewusst, dass er ein Sünder war. Gemessen am Buchstaben des Gesetzes und an der Art, wie Menschen es gewöhnlich auf das äußerlich Sichtbare anwenden, hatte er sich nichts zuschulden kommen lassen. Aber als er der tiefen Bedeutung der heiligen Gebote auf den Grund ging und sich selbst mit den Augen Gottes betrachtete, musste er sich voller Scham vor Gott beugen und seine Schuld eingestehen. Er schrieb: „Ich lebte einst ohne das Gesetz; aber als das Gebot kam, wurde die Sünde lebendig, ich dagegen starb.“ (Römer 7,9) Erst als ihm die geistliche Dimension des Gesetzes deutlich wurde, erkannte er die Sünde in ihrer wahren Abscheulichkeit, und seine Selbstgefälligkeit verschwand.

In Gottes Augen haben nicht alle Sünden dasselbe Gewicht. Wie es auch bei uns Menschen der Fall ist, schätzt Gott den Schweregrad einer Schuld unterschiedlich ein. Aber unabhängig davon, wie unbedeutend die eine oder andere Tat in den Augen der Menschen erscheinen mag, gibt es aus Gottes Sicht keine geringfügigen Sünden. Das Urteilsvermögen des Menschen ist einseitig und unvollkommen. Gott jedoch kann alle Dinge in ihrem wahren Licht beurteilen. Dem Säufer schlägt aus der Gesellschaft Verachtung entgegen, und man behauptet, seine Sünde werde ihm den Zutritt zum Himmel verwehren. Gleichzeitig geht man über Sünden wie Stolz, Egoismus, Neid und Habgier hinweg, ohne sie zu tadeln. Aber in Gottes Augen sind dies besonders anstößige Sünden, denn sie stehen im krassen Gegensatz zu seiner liebevollen Güte und zu jener selbstlosen Liebe, die das Wesensmerkmal des ungefallenen Universums bildet. Wenn jemand verabscheuungswürdige Sünden auf sich lädt, werden ihm vielleicht die Schande und die Erbärmlichkeit seiner Taten bewusst, und er spürt, wie sehr er die Gnade Christi braucht. Aber der Stolz ist sich keines Mangels bewusst. Wo er herrscht, verschließt sich das Herz Christus gegenüber und ist nicht mehr empfänglich für seine unermesslichen Segnungen, die der Grund seines Kommens waren.

Jesus erzählt von einem bemitleidenswerten Zolleintreiber, der sich selbst für einen sehr schlechten Menschen hielt. Auch sein Umfeld teilte seine Selbsteinschätzung. Er betete: „Gott, hab Erbarmen mit mir, ich bin ein sündiger Mensch!“ (Lukas 18,13 GNB) Er hatte ein Gespür für seine Bedürftigkeit und kam mit seiner ganzen Herzenslast von Schuld und Scham und der Bitte um Erbarmen zu Gott. Sein Herz war für das Wirken des Geistes Gottes offen. Darum konnte dieser sein Werk der Gnade tun und ihn aus der Macht der Sünde befreien. Anders jedoch verhielt es sich mit dem Pharisäer, der anderen Person in dieser Geschichte. Sein selbstgefälliges, überhebliches Gebet zeigte, dass er den Einfluss des Heiligen Geistes innerlich abblockte. Er war weit weg von Gott, und deshalb fehlte ihm die Selbstwahrnehmung in Bezug auf die eigene Verdorbenheit, die in krassem Gegensatz zur Vollkommenheit der göttlichen Heiligkeit stand. Er verspürte keinen Mangel, und deshalb ging er auch leer aus.

Wenn du deine eigene Sündhaftigkeit erkennst, dann warte nicht, bis du dich selbst zu einem besseren Menschen gemacht hast. Wie viele meinen, sie seien nicht gut genug, um zu Christus zu kommen! Denkst du wirklich, dass du aus eigener Anstrengung heraus deinen Zustand verbessern kannst? Die Bibel sagt dazu: „Kann ein Schwarzer etwa seine Hautfarbe wechseln oder ein Leopard sein geflecktes Fell? Genauso wenig kannst du Gutes tun, der du ans Böse gewöhnt bist!“ (Jeremia 13,23 HFA) Unsere einzige Hilfe finden wir bei Gott. Wir dürfen nicht darauf warten, bis unsere Glaubensüberzeugung stärker wird, bessere Gelegenheiten kommen oder wir uns in einer heiligeren Stimmung befinden. Es gibt nichts, was wir aus uns selbst heraus schaffen könnten. Wir müssen zu Christus kommen – so wie wir sind.

Andererseits sollte sich niemand dem Irrglauben hingeben, dass Gott in seiner großen Liebe und Barmherzigkeit letztendlich sogar die retten wird, die seine Gnade verschmäht haben. Die außerordentliche Verderbtheit der Sünde kann nur im Licht des Kreuzes richtig eingeschätzt werden. Wenn Menschen behaupten, dass Gott zu gütig sei, um den Sünder zu verdammen, sollten sie auf das Geschehen von Golgatha blicken. Der Kreuzestod war notwendig, weil es keinen anderen Weg gab, auf dem ein Mensch gerettet werden konnte. Ohne dieses Opfer gab es für die Menschheit keine Möglichkeit, der zerstörerischen Macht der Sünde zu entrinnen und wieder den ursprünglichen Status zu erlangen, in dem sie mit heiligen Wesen Gemeinschaft haben konnten. Mit anderen Worten, sie waren endgültig aus dem geistlichen Reich Gottes ausgeschlossen – ohne eine Chance der Rückkehr. Aus diesem Grund entschied sich Christus, die Schuld der Ungehorsamen auf sich zu nehmen und an ihrer Stelle die Strafe zu erleiden. Die Liebe des Sohnes Gottes sowie sein Leiden und Sterben sind ein Beweis für das schreckliche Ausmaß der Sünde und ein beredtes Zeugnis für die Tatsache, dass es kein Entrinnen aus ihrer Macht gibt und keine Hoffnung auf ein ewiges Leben, es sei denn, der Mensch unterstellt sich Christus.

Zuweilen entschuldigen sich Menschen, die nicht bereuen, indem sie über vorgebliche Christen sagen: „Ich bin ein genauso guter Mensch wie diese. Ihr Lebenswandel ist in keiner Weise selbstloser, bescheidener oder gewissenhafter als meiner. Sie lieben das Vergnügen und das zügellose Leben nicht weniger als ich." Eine solche Argumentation rechtfertigt die eigene Pflichtvergessenheit mit den Fehlern anderer. Aber die Sünden und Versäumnisse anderer können niemals eine ausreichende Entschuldigung sein, denn Gott hat uns nicht ein irrendes menschliches Wesen als Maßstab gegeben. Unser Vorbild ist der makellose Sohn Gottes. Statt sich über das Fehlverhalten von Menschen zu beschweren, die sich rein äußerlich zum Christentum bekennen, sollten die Kritiker es lieber selbst besser machen, indem sie ein wahrhaft christliches Leben führen und damit ein nachahmenswertes Beispiel sind. Wenn sie ihre Messlatte für das, was einen wahren Christen ausmacht, selbst so hoch ansetzen, wird dann nicht ihre eigene Sünde umso größer? Sie wissen genau, was richtig wäre, weigern sich aber, es selbst zu tun.

Wir sollten uns davor hüten, eine Entscheidung in dieser Sache auf die lange Bank zu schieben. Wir dürfen die notwendigen Schritte nicht hinauszögern. Wir sollten uns von unseren Sünden abwenden und mit der Hilfe Jesu nach einem reinen Herzen streben. Tausende und Abertausende haben schon diesen Fehler begangen und ihr ewiges Leben verscherzt. Auf den Umstand, wie kurz und unvorhersehbar unser Leben ist, will ich hier gar nicht eingehen. Wir stehen jedoch in einer großen Gefahr – einer Gefahr, die oft unterschätzt wird –, wenn wir damit warten, der mahnenden Stimme des Heiligen Geistes Gottes nachzugeben, und uns entscheiden, unser sündiges Leben einfach so weiterzuführen. Ein Hinausschieben bedeutet in Wirklichkeit nichts anders als das. Wie unbedeutend und klein eine Sünde auch erscheinen mag, ihr gegenüber die Augen zu verschließen, bedeutet, das Risiko eines unendlichen Verlustes einzugehen. Alles, was wir nicht bezwingen – und sei es die kleinste Sünde – wird am Ende uns besiegen und unser Verderben nach sich ziehen.

Adam und Eva redeten sich ein, dass eine solch geringfügige Sache wie das Essen der verbotenen Frucht doch nicht derart schreckliche Konsequenzen haben könnte, wie Gott sie angedroht hatte. Aber diese „Kleinigkeit" war nichtsdestoweniger eine Übertretung des unveränderlichen und heiligen göttlichen Gesetzes und führte zu einer Trennung des Menschen von Gott. Sie öffnete die Schleusen, durch die sich jetzt der Tod und unaussprechliche Leiden über unsere Welt ergossen. Seitdem sind durch alle Zeitalter hindurch die von der Erde zum Himmel dringenden Wehklagen nie mehr verstummt. Die gesamte Schöpfung leidet unter den Konsequenzen des Ungehorsams der Menschen, seufzt und stöhnt „wie eine Frau in den Wehen" (vgl. Römer 8,22). Auch der Himmel selbst bekam die Auswirkungen der menschlichen Rebellion gegen Gott zu spüren. Golgatha steht als Mahnmal für den Preis da, den der Himmel zahlte: das erstaunliche Opfer, das notwendig war, damit die Übertretung des göttlichen Gesetzes gesühnt werden konnte. Deshalb sollten wir Sünde niemals auf die leichte Schulter nehmen.

Jede kleinste Gesetzesübertretung, jede Geringschätzung oder Zurückweisung der Gnade Christi wirkt sich nachteilig auf uns aus. Das Herz verhärtet sich immer mehr, die Willenskraft wird geschwächt, und unsere Verstandeskräfte werden gelähmt. Wir sind dadurch nicht nur immer weniger geneigt, auf die zärtlich flehende Stimme des Heiligen Geistes Gottes zu hören, sondern irgendwann gar nicht mehr imstande, der Stimme Folge zu leisten.

Viele versuchen, ein erwachtes Gewissen dadurch zu beruhigen, dass sie sich einreden, sie könnten ja jederzeit, wenn sie wollten, ihren ungläubigen Kurs ändern. Sie meinen, sie könnten mit den Einladungen der Barmherzigkeit leichtfertig umgehen, weil die Stimme des Gewissens sie immer wieder ansprechen wird. Irgendwie haben sie die Vorstellung, dass sie – auch wenn sie sich über den Geist der Gnade hinwegsetzen und sich mit ihrem Einfluss für die Seite Satans stark machen – irgendwann in einem bedrohlichen Moment äußerster Not das Ruder noch herumreißen könnten. Aber so einfach ist das nicht. Die Erziehung und die Erfahrungen einer gesamten Lebenszeit haben im Charakter eines Menschen eine so tiefe Prägung hinterlassen, dass nur sehr wenige dann noch den Wunsch hegen, in das Bild Jesu verwandelt zu werden.

Selbst ein einziger negativer Charakterzug oder eine einzige sündige Begierde werden – wenn permanent gepflegt – irgendwann die ganze Kraft des Evangeliums unwirksam werden lassen. Jede Nachgiebigkeit einer Sünde gegenüber lässt die Abneigung des Menschen gegen Gott anwachsen. Wer mit verhärtetem Trotz den Glauben ablehnt oder der göttlichen Wahrheit gegenüber sture Gleichgültigkeit zeigt, wird nur das ernten, was er selbst gesät hat. In der gesamten Bibel findet sich keine schrecklichere Androhung für diejenigen, die mit dem Bösen liebäugeln, als in den Worten des weisen Salomo, mit denen er den Sünder warnt: „Deine Untaten werden dich einholen; deine Sünde wird dir zur Schlinge, in der du dich selber fängst." (Sprüche 5,22 GNB)

Christus möchte uns so gern von der Sünde befreien, aber er zwingt niemanden und respektiert den freien Willen. Wenn sich unser Wille durch hartnäckiges Beharren in der Gesetzesübertretung irgendwann vollständig dem Kurs des Bösen verschrieben hat und wir gar nicht den Wunsch verspüren, befreit zu werden, und gar keinen Wert mehr auf seine Gnade legen – was kann er dann noch für uns tun? Wir haben uns durch die entschiedene Zurückweisung seiner Liebe selbst zugrunde gerichtet. „Siehe, jetzt ist die willkommene Zeit, siehe, jetzt ist der Tag des Heils!" „Heute, wenn ihr seine Stimme hört, so verstockt eure Herzen nicht!" (2. Korinther 6,2 LUT; Hebräer 3,7.8)

„Der Mensch sieht auf das, was vor Augen ist, der Herr aber sieht das Herz an." (1. Samuel 16,7) Gott durchschaut das menschliche Herz mit all seinen zwiespältigen Gefühlen der Freude und des Schmerzes – das unstete und widerspenstige Herz, in dem sich so viel Unreinheit und Falschheit breit gemacht haben. Gott kennt die Beweggründe, die genauen Absichten und Ziele. Geh zu ihm mit deinem Herzen, wie befleckt auch immer es ist! Öffne seine Kammern dem forschenden Auge Gottes, dem nichts entgeht, und sprich wie der Dichter der Psalmen: „Erforsche mich, Gott, und erkenne mein Herz, prüfe mich und erkenne meine Gedanken. Zeige mir, wenn ich auf falschen Wegen gehe und führe mich den Weg zum ewigen Leben." (Psalm 139,23.24 NLB)

Viele Menschen begnügen sich mit einem rein intellektuellen Glauben und einer äußerlichen Frömmigkeit, aber ihr Herz ist nicht gereinigt. Unser Gebet sollte deshalb lauten: „Erschaffe mir, o Gott, ein reines Herz, und gib mir von Neuem einen festen Geist in meinem Innern!" (Psalm 51,12) Sei ehrlich mit dir selbst. Gehe an die Sache mit einem Ernst und einer Hartnäckigkeit heran, als stünde dein irdisches Leben auf dem Spiel. Hier geht es um eine Angelegenheit, die zwischen Gott und dir persönlich geregelt werden muss – etwas, was Auswirkungen bis in die Ewigkeit hat. Wenn du dich nicht auf mehr als eine vermeintliche Hoffnung verlassen kannst, wird sich dies als eine tödliche Täuschung herausstellen.

Studiere unter Gebet das Wort Gottes. Dort wirst du die grundlegenden Leitlinien für ein heiliges Leben kennenlernen, denn ohne „Heiligung", sagt die Bibel, „wird niemand den Herrn sehen" (Hebräer 12,14). Diese Prinzipien findest du einerseits in den Geboten Gottes, aber auch im Leben von Jesus Christus. Das Wort Gottes schenkt uns Sündenerkenntnis und zeigt uns auf leicht verständliche Weise den Weg zur Erlösung. Höre auf dieses Wort, denn es ist Gottes Stimme, die zu deinem Herzen spricht.

Wenn du dann die Ungeheuerlichkeit der Sünde erkennst und dich selbst so siehst, wie du wirklich bist, dann lass dich nicht von Verzweiflung überwältigen! Denn genau solche Menschen wie du – Sünder – sind der Grund, warum Christus kam. Er will sie erretten. Nicht wir müssen uns mit Gott versöhnen, sondern Gott war in Christus und „versöhnte die Welt mit sich selbst" (2. Korinther 5,19). Ach, welch erstaunliche, unfassbare Liebe! Gott umwirbt mit seiner zärtlichen Liebe die Herzen seiner verirrten Kinder. Es gibt keine menschlichen Eltern, die für die Schwächen und Fehler ihrer eigenen Kinder so viel Geduld aufbringen, wie es Gott mit denen tut, die er retten möchte. Niemand könnte liebevoller um den Sünder werben. Über keine menschlichen Lippen ist je ein solcher Strom von zärtlich flehenden Bitten gekommen, wie Gott sie an Menschen richtet, die sich auf dem Irrweg befinden. All seine Verheißungen und Warnungen sind nichts anderes als das leise Flüstern einer unaussprechlichen Liebe.

Wenn Satan kommt und dir vorhält, welch großer Sünder du bist, dann blicke auf zu deinem Erlöser und sprich über all das, was er für dich getan hat. In diesem Moment wird es dir helfen, dich voll und ganz seinem Licht zuzuwenden. Gib zu, dass du ein Sünder bist, aber halte dem Feind entgegen, dass „Christus Jesus in die Welt kam, um Sünder zu retten" (1. Timotheus 1,15 NLB), und auch du durch seine unvergleichliche Liebe errettet werden kannst. Einmal erzählte Jesus eine Geschichte über zwei Schuldner und stellte Simon danach eine Frage. Der eine schuldete seinem Herrn eine geringfügige Summe, der andere eine außerordentlich hohe Summe. Der Herr aber erließ beiden ihre gesamte Schuld. Christus fragte Simon, welcher der beiden Schuldner seinen Herrn wohl am meisten liebe. „Bestimmt der, dem er die größte Schuld erlassen hat", antwortete Simon. (Lukas 7,43 HFA) Wir waren ehemals große Sünder, aber Christus starb, damit uns vergeben werden kann. Die Verdienste, die er durch seinen Opfertod erwarb, sind ausreichend, um sie dem Vater zu unseren Gunsten zu präsentieren. Die Menschen, denen er am meisten vergeben hat, werden ihn am meisten lieben und seinem Thron am nächsten stehen, um ihm für seine große Liebe und sein unermessliches Opfer Loblieder zu singen. An dem Punkt, wo wir in umfassendster Weise begriffen haben, was die Liebe Gottes wirklich bedeutet, erkennen wir auch die Bösartigkeit der Sünde in ihrem deutlichsten Licht. Wenn uns bewusst wird, wie lang die Rettungsleine ist, die für uns herabgelassen wurde, und wir das unermessliche Opfer, das Christus für uns brachte, zu begreifen beginnen, wird unser Herz in Liebe und Reue dahinschmelzen.

KAPITEL

4

DIE SÜNDEN BEKENNEN

„Wer seine Sünden verheimlicht, dem wird es nicht gut gehen. Aber wenn er sie bekennt und davon lässt, wird er Barmherzigkeit finden." (Sprüche 28,13 NLB)

Die Bedingungen, unter denen wir Gottes Gnade erlangen, sind einfach, gerecht und einleuchtend. Gott erwartet nicht irgendeinen schwierigen, schmerzvollen Akt, damit uns die Vergebung der Sünden zugesprochen werden kann. Weder brauchen wir lange, beschwerliche Pilgerreisen auf uns zu nehmen, noch uns unangenehmen Bußübungen zu unterziehen, um uns selbst dem Gott des Himmels zu empfehlen oder um unsere Übertretungen abzubüßen. Wir müssen nur unsere Sünde bekennen und lassen, und wir werden Barmherzigkeit erlangen.

Der Apostel Jakobus schreibt: „Bekennt einander eure Schuld und betet füreinander, damit ihr geheilt werdet." (Jakobus 5,16 NLB) Wir sollen alle unsere Sünden Gott bekennen, denn er allein kann uns Vergebung schenken, aber wir sollen uns auch gegenseitig eingestehen, wenn wir aneinander schuldig geworden sind. Wenn du einen Freund oder Nachbarn beleidigt oder ihm Anlass zum Ärgernis gegeben hast, musst du dieses Unrecht bekennen. Seine Pflicht ist es dann, dir großzügig zu vergeben. Danach bitte auch Gott um

Vergebung, denn der Bruder, den du verletzt hast, ist Gottes Eigentum, und dadurch, dass du ihm Schaden zugefügt hast, hast du dich auch gegen seinen Schöpfer und Erlöser versündigt. Dann wird der Fall dem einzig wahren Mittler vorgelegt, unserem großen Hohepriester und Fürsprecher, der „mit denselben Versuchungen kämpfen musste wie wir, doch im Gegensatz zu uns nie gesündigt hat" und der „Mitleid hat mit unseren Schwachheiten" (Hebräer 4,15 HFA). Nur er ist in der Lage, uns von sämtlichen Verunreinigungen und jedem Makel der Schuld zu reinigen.

Wer sich noch nicht vor Gott gedemütigt und seine Schuld bekannt hat, hat die erste Bedingung zur Annahme bei Gott noch nicht erfüllt. Wenn wir weder diese Reue, „die man nicht bereuen muss" (2. Korinther 7,10), erfahren, noch mit wahrer Herzensdemut und einem gebrochenen Geist unsere Sünden bekannt haben und unsere Übeltaten verabscheuen, dann haben wir noch nie wirklich die Vergebung der eigenen Sünden zu erlangen versucht. Und wenn wir uns noch nie um diese Vergebung bemüht haben, dann haben wir auch nie den Frieden Gottes gefunden. Der einzige Grund, warum uns unsere Schuld aus der Vergangenheit noch nicht erlassen ist, liegt darin, dass wir unsere Herzen nicht demütigen und die Schritte nicht gehen wollen, die uns das Wort der Wahrheit als Bedingungen für die Sündenvergebung nennt. Dabei finden wir in der Bibel dazu ganz explizite Anweisungen. Ein Bekenntnis unserer Sünde – sei es öffentlich oder privat – sollte aus aufrichtigem Herzen kommen und aus freien Stücken vorgebracht werden. Nie sollte man den Sünder zu einem Bekenntnis drängen. Ein Sündenbekenntnis darf niemals in einer gedankenlosen, leichtfertigen Weise vorgebracht oder einem Menschen abgerungen werden, der noch gar kein Bewusstsein für die Abscheulichkeit der Sünde entwickelt hat. Wenn wir in einem Bekenntnis unser tiefstes Inneres vor Gott ausschütten, wird dies bei dem unendlich gnädigen Gott auf offene Ohren stoßen. Der Schreiber der Psalmen drückt es so aus: „Der Herr ist nahe denen, die zerbrochenen Herzens sind, und er hilft denen, die zerschlagenen Geistes sind." (Psalm 34,19)

Ein echtes Bekenntnis zeichnet sich dadurch aus, dass es konkret ist und die einzelnen Sünden zugibt. Manchmal sind es Sünden, die nur vor Gott gebracht werden sollten; oder es kann sich um Unrecht handeln, das anderen Personen bekannt werden muss, weil sie dadurch zu Schaden gekommen sind. Bisweilen geht es um Sünden, von denen die Öffentlichkeit betroffen ist – dann sollte es auch ein öffentliches Bekenntnis geben. Aber jedes Bekenntnis sollte konkret sein und die Sünden, derer man sich schuldig gemacht hat, klar benennen.

In den Tagen des Propheten Samuel hatten sich die Israeliten von Gott entfernt. Sie mussten die schmerzlichen Konsequenzen ihrer Sünde tragen. Zunächst hatten sie ihr Vertrauen auf Gott verloren. Sie büßten ihr Urteilsvermögen ein, sodass sie die Macht und Weisheit in der Art und Weise, wie Gott die Nation regierte, nicht mehr erkennen konnten. Auch trauten sie ihm nicht mehr zu, sein Eigentum zu schützen und zu verteidigen. Sie wandten sich vom großen Herrscher des Universums ab und verlangten nach einer Regierungsform, wie sie auch die Völker um sie herum hatten. Ihren Frieden fanden sie erst wieder, nachdem sie das folgende, klare Bekenntnis abgelegt hatten: „Zu allen unseren Sünden haben wir noch die Bosheit hinzugefügt, dass wir für uns einen König begehrten!" (1. Samuel 12,19) Ihr Gewissen hatte sie überführt, dass sie sich hier schuldig gemacht hatten, und genau diese Sünde mussten sie nun bekennen. Ihre Undankbarkeit hatte schwer auf ihnen gelastet und sie von Gott getrennt.

Ein Sündenbekenntnis wird nur dann bei Gott angenommen, wenn wir aufrichtige Reue zeigen und eine grundsätzliche Erneuerung stattfindet. Es muss entschiedene Veränderungen in unserem Leben geben, und alles, was in Gottes

Augen anstößig ist, muss abgelegt werden. Genau das wird die Folge sein, wenn wir wirklich über unsere Sünde betrübt sind. Was wir dabei unsererseits zu leisten haben, wird uns in der Bibel deutlich aufgezeigt: „Wascht euch, reinigt euch! Schafft mir eure bösen Taten aus den Augen. Hört auf, Schlechtes zu tun, und lernt, Gutes zu tun. Schafft Recht, weist Übeltäter zur Ordnung. Verhelft den Waisen zu ihrem Recht. Tretet für die Witwen ein!" (Jesaja 1,16.17 NLB) Wenn der Gottlose „einem Schuldner das Pfand zurückgibt, ersetzt, was er gestohlen hat, sich an mein Gesetz hält, das zum Leben führt, und nichts Böses mehr tut, dann wird er ganz sicher am Leben bleiben und nicht sterben" (Hesekiel 33,15 NLB). Paulus schreibt über die Auswirkung echter Reue: „Seht doch selbst, was diese Traurigkeit von Gott in euch bewirkt hat! Welcher Ernst, welches Bemühen, euer Verhalten zu erklären, welche Empörung, welche Besorgnis, welche Sehnsucht, mich zu sehen, welche Begeisterung und welche Entschlossenheit, den Übeltäter zu bestrafen! Ihr habt gezeigt, dass ihr zu allem bereit wart, um die Sache in Ordnung zu bringen." (2. Korinther 7,11 NLB)

Wenn das sittliche Urteilsvermögen durch die Sünde abgestumpft ist, kann der Missetäter die Mängel in seinem Charakter gar nicht mehr wahrnehmen und auch nicht die Ungeheuerlichkeit des Unrechts, das er begangen hat, erfassen. Wenn er sich nicht dem Wirken des Heiligen Geistes ausliefert, der ihm die Augen über seinen Zustand öffnet, wird er gegenüber seiner Sünde teilweise blind bleiben. Seine Bekenntnisse sind nicht aufrichtig und ernst gemeint. Jedes Mal, wenn er seine Schuld zugibt, fügt er eine Ausrede hinzu, mit der er sein Verhalten rechtfertigen will, und er erklärt, dass er bestimmte Dinge, für die er getadelt wird, nur deswegen getan hat, weil die Umstände ihn dazu verleitet haben.

Nachdem Adam und Eva von der verbotenen Frucht gegessen hatten, überkam sie ein Gefühl von Scham und schrecklicher Angst. Zunächst drehten sich ihre Gedanken ausschließlich um die Frage, welche Entschuldigung sie für ihre Sünde vorbringen könnten, um dem gefürchteten Todesurteil zu entgehen. Als Gott ihnen wegen ihrer sündigen Tat Fragen stellte, schob Adam die Schuld teilweise Gott und teilweise seiner Gefährtin zu. Er antwortete: „Die Frau, die du mir zur Seite gegeben hast, die gab mir von dem Baum, und ich aß!" Die Frau wiederum wälzte die Schuld auf die Schlange ab und sagte: „Die Schlange hat mich verführt; da habe ich gegessen!" (1. Mose 3,12.13) Unausgesprochen waren in ihrer Ausrede für ihre Sünde die Fragen impliziert: Warum hast du die Schlange erschaffen? Warum hast du zugelassen, dass sie in den Garten Eden kam? Damit machte sie Gott für ihren Fehltritt verantwortlich. Diese Haltung der Selbstrechtfertigung hat ihren Ursprung im Vater der Lüge, und sie hat sich im Leben aller Söhne und Töchter Adams gezeigt. Bekenntnisse dieser Art sind nicht vom göttlichen Geist inspiriert und für Gott nicht annehmbar. Wahre Reue wird einen Menschen dahin führen, seine Schuld auf sich zu nehmen und sich ohne Scheinheiligkeit oder den Versuch des Vertuschens zu seiner Schuld zu bekennen. Wie der bedauernswerte Zolleintreiber, der nicht einmal wagte, seine Augen zum Himmel zu erheben, wird er ausrufen: „Gott, sei mir Sünder gnädig!" (Lukas 18,13) Alle, die sich zu ihrer Schuld bekennen, werden gerecht gesprochen, denn Jesus tritt mit seinem eigenen Blut für jeden reumütigen Menschen ein.

Wenn wir uns die Beispiele echter Buße und Demütigung in Gottes Wort anschauen, zeigt sich dort eine Haltung des Eingeständnisses der eigenen Schuld, bei dem die Sünde nicht entschuldigt wird oder man versucht, sich selbst zu rechtfertigen. Paulus beispielsweise versuchte nicht, irgendetwas zu verbergen. Er schilderte seine Sünden in den schwärzesten Farben und versuchte nicht, seine Schuld zu beschönigen. Er schrieb: „Viele der Heiligen ließ ich ins Gefängnis schließen, wozu ich von den obersten Priestern die Vollmacht empfangen hatte, und wenn sie getötet werden sollten, gab ich die Stimme dazu. Und in allen Synagogen wollte ich sie oft durch Strafen zur Lästerung zwingen, und über die Maßen wütend gegen sie, verfolgte ich sie sogar bis in die auswärtigen Städte.“ (Apostelgeschichte 26,10.11) Er scheute sich nicht zu schreiben: „Christus Jesus ist in die Welt gekommen, um Sünder zu retten, von denen ich der größte bin.“ (1. Timotheus 1,15)

Ein demütiges und zerbrochenes Herz, das von echter Reue überwältigt ist, fängt an zu begreifen, wie groß die Liebe Gottes wirklich ist und wie hoch der Preis von Golgatha war. So wie sich ein Sohn einem liebenden Vater öffnet und seine Schuld bekennt, wird auch der wahrhaft reumütige Mensch all seine Sünden vor Gott bringen. Wir haben in der Bibel die Zusage: „Wenn wir aber unsere Sünden bekennen, so ist er treu und gerecht, dass er uns die Sünden vergibt und uns reinigt von aller Ungerechtigkeit.“ (1. Johannes 1,9)

KAPITEL

5

VÖLLIGE HINGABE

Gottes Versprechen lautet: „Ja, ihr werdet mich suchen und finden, wenn ihr von ganzem Herzen nach mir verlangen werdet.“ (Jeremia 29,13)

Wir müssen unser Herz ohne Vorbehalte Gott unterstellen. Andernfalls kann die notwendige Veränderung in uns, durch die wir wieder in sein Ebenbild verwandelt werden, niemals stattfinden. Wir sind von Natur aus Gott entfremdet. Der Heilige Geist benutzt für die Beschreibung unseres Zustands verschiedene Bilder: „tot durch Übertretungen und Sünden“, „das ganze Haupt ist krank, und das ganze Herz ist kraftlos“, „nichts Unversehrtes an ihm“. Wir sind im Fallstrick Satans gefangen – „lebendig gefangen, um seinen Willen zu tun“. (Epheser 2,1; Jesaja 1,5.6; 2. Timotheus 2,26) Gott möchte uns so gern heilen und wieder befreien. Doch weil dafür eine völlige Umwandlung, eine Erneuerung unseres gesamten Wesens erforderlich ist, gelingt das nur, wenn wir uns ihm vollständig ausliefern.

Der Kampf gegen unser eigenes Ich ist die größte Schlacht, die jemals ausgefochten wurde. Das eigene Ich aufzugeben und alles dem Willen Gottes auszuliefern, erfordert einen inneren Kampf. Aber die Seele muss sich ganz Gott unterwerfen, bevor der Mensch umgewandelt und wieder heilig werden kann.

Allerdings versucht Satan, uns auch an diesem Punkt ein falsches Bild vorzugaukeln, als ob Gottes Herrschaft auf blinder Unterwerfung unter Ausschaltung unseres Verstandes gegründet wäre. Doch Gott möchte unsere Vernunft und unser Gewissen ansprechen. „Kommt, lasst uns miteinander rechten" (Jesaja 1,18), also auf Vernunftbasis miteinander reden. So lautet die Einladung Gottes an die Wesen, die er erschaffen hat. Gott zwingt sich nicht dem Willen seiner Geschöpfe auf. Er möchte keine Huldigung entgegennehmen, die nicht auf Freiwilligkeit und Vernunftgründen basiert. Ein Gehorsam, der nichts anderes als eine erzwungene Unterwerfung ist, würde jede echte Weiterentwicklung des Geistes oder Charakters verhindern; der Mensch wäre nichts anderes als eine Maschine oder eine Marionette. Aber das möchte der Schöpfer gar nicht. Sein Wunsch ist es, dass der Mensch, das krönende Werk seiner schöpferischen Macht, die höchstmögliche Stufe in seiner Entwicklung erreicht. Er stellt uns vor Augen, zu welchen Höhen unermesslicher Segnungen er uns durch seine Gnade führen möchte. Er lädt uns ein, uns ihm ganz zu übergeben, sodass er in uns seinem Willen entsprechend wirken kann. Aber die Entscheidung liegt bei uns, ob wir ihm erlauben, uns von der Knechtschaft der Sünde zu befreien, damit wir an der wunderbaren Freiheit der Kinder Gottes teilhaben können.

Wenn wir uns Gott ganz hingeben, bedeutet das natürlich, dass wir alles, was uns von ihm trennen könnte, aufgeben müssen. Genau das meinte der Erlöser, als er sagte: „So kann auch keiner von euch mein Jünger sein, der nicht allem entsagt, was er hat." (Lukas 14,33) Was auch immer das Herz von Gott ablenken könnte, muss aufgegeben werden. Viele sind dem Götzen Mammon verfallen. Die Liebe zum Geld und der Wunsch nach Reichtum sind wie eine goldene Kette, die sie an Satan bindet. Eine andere Menschengruppe macht weltliche Ehre und Ansehen zu ihrer Religion. Andere wiederum halten selbstsüchtige Bequemlichkeit und ein

Leben ohne jegliche Verantwortung für das höchste aller erstrebenswerten Ziele. Aber alle diese Bindungen, die uns wie mit Ketten halten, müssen durchtrennt werden. Wir können nicht halb dem Herrn und halb der Welt gehören. Wir sind erst dann Gottes Kinder, wenn wir uns ihm völlig ausliefern.

Manche Menschen legen ein äußerliches Bekenntnis ab, dass sie Gott dienen. Tatsächlich verlassen sie sich aber auf ihre eigene Kraft, wenn es darum geht, seine Gebote zu befolgen, einen rechtschaffenen Charakter zu entwickeln und das ewige Leben zu erlangen. Ihre Herzen werden nicht durch das tiefe Bewusstsein der Liebe Christi bewegt. Sie streben danach, die Pflichten eines Christenlebens zu erfüllen, weil sie meinen, dass Gott dies von ihnen verlangt, um sich den Himmel zu erwerben. Eine solche „Religion" ist wertlos. Wenn Christus im Herzen wohnt, wird der Mensch so von seiner Liebe und der Freude an der Gemeinschaft mit ihm erfüllt, dass er eng mit ihm verbunden ist. Und indem er über Christus nachsinnt und ihn vor Augen hat, gerät das eigene Ich ganz in den Hintergrund. Die Liebe zu Christus wird die Triebfeder aller Handlungen sein. Wer die überwältigende Liebe Gottes spürt, fragt nicht danach, wie wenig an „Leistung" ausreicht, um die Forderungen Gottes zu erfüllen. Ein solcher Mensch fragt nicht nach den Mindestanforderungen, sondern hat das Bedürfnis, dem Willen seines Erlösers in vollkommener Weise zu entsprechen. Sein ernstes Verlangen führt ihn dahin, alles hinzugeben und ein Interesse zu zeigen, wie es der Kostbarkeit des angestrebten Zieles entspricht. Ein äußerliches Bekenntnis zu Christus, das nicht dieser tiefen Liebe entspringt, ist nichts anderes als leeres Gerede, trockener Formalismus und schwere Plackerei.

Empfindest du es als ein zu großes Opfer, Christus alles zu übergeben? Dann stell dir die Frage: „Was hat Christus für mich gegeben?" Der Sohn Gottes gab alles – sein Leben, seine Liebe, sein Leiden –, damit er uns erlösen konnte. Kann es da sein, dass wir, die wir die unwürdigen Empfänger dieser so großen Liebe sind, ihm im Gegenzug unsere Herzen vorenthalten? Jeden Moment unseres bisherigen Lebens sind wir die Nutznießer all der Segnungen seiner Gnade gewesen, und aus genau diesem Grund können wir gar nicht völlig begreifen, aus welchen Tiefen der Unwissenheit und des Elends wir errettet worden sind. Können wir auf ihn blicken, der wegen unserer Sünden durchbohrt wurde, und ihm im vollen Bewusstsein seiner Liebe und seines Opfers Trotz bieten? Sollten wir uns in Anbetracht der unendlichen Erniedrigung des Herrn der Herrlichkeit darüber beklagen, dass uns der Zutritt zum ewigen Leben nur über Kampf und Selbsterniedrigung ermöglicht wird?

Wenn das Herz von Stolz regiert wird, hört man häufig die Frage: „Warum muss ich erst bereuen und mich demütigen, bevor ich die Zusicherung meiner Annahme bei Gott erhalten kann?" Schau dir Christus an! Er war sündlos – und nicht nur das, er war der Fürst des Himmels. Aber um der Menschen willen wurde er an deren Stelle „zur Sünde gemacht". „Er ließ sich unter die Übeltäter zählen und hat die Sünden vieler getragen und für die Übeltäter gebetet." (Jesaja 53,12)

Was geben wir denn tatsächlich auf, selbst wenn wir alles geben? Lediglich ein von Sünde verunreinigtes Herz, das wir Jesus geben, damit er es reinigt, indem er es in seinem eigenen Blut reinwäscht und durch seine unvergleichliche Liebe rettet. Und dennoch denken Menschen, es sei so schwer, alles aufzugeben! Ich schäme mich, wenn ich höre, wie solche Dinge gesagt werden, und es ist beschämend, dass ich so etwas überhaupt niederschreiben muss.

Gott verlangt von uns nicht, dass wir etwas aufgeben, was zu unserem Besten dient. Bei allem, was er tut, hat er nur das Wohlergehen seiner Kinder im Auge. Wenn doch alle, die sich noch nicht für Christus entschieden haben, erkennen könnten, dass er ihnen etwas weitaus Besseres anbieten möchte, als sie sich selbst wünschen würden! Wenn der

Mensch Dinge tut und denkt, die im Widerspruch zu Gottes Willen stehen, fügt er sich selbst den größten Schaden und das größte Unrecht zu. Man wird niemals wahre Freude auf Wegen finden, die uns von demjenigen untersagt wurden, der weiß, was das Beste für den Menschen ist, und der mit seinen Plänen immer nur das Wohl seiner Geschöpfe im Auge hat. Der Pfad der Übertretung ist ein Pfad des Elends und führt ins Verderben.

Es ist unsinnig zu meinen, dass Gott Freude daran haben könnte, wenn er seine Kinder leiden sieht. Der gesamte Himmel wünscht sich, dass die Menschen glücklich sind. Unser himmlischer Vater versperrt keinem einzigen seiner Geschöpfe den Zugang zur Freude. Die göttlichen Forderungen sind ein Appell an uns, einen Bogen um Ausschweifungen zu machen, die doch nur Leid und Enttäuschung mit sich bringen und uns letzten Endes das Tor zum Glück und zum Himmel verschließen. Der Erlöser der Welt nimmt die Menschen so an, wie sie sind, mit allen ihren Mängeln, Unvollkommenheiten und Schwächen. Er will uns durch sein Blut nicht nur von Sünde reinigen und uns die Erlösung zusprechen, sondern die Herzenssehnsucht eines jeden Menschen stillen, der bereit ist, sein „Joch" auf sich zu nehmen und seine „Last" zu tragen. Jesus möchte allen, die zu ihm kommen und sich nach dem „Brot des Lebens" sehnen, Frieden und Ruhe schenken. Und er legt uns nur solche Pflichten auf, die zu jenen Höhen der Glückseligkeit führen, wie sie den Ungehorsamen immer verschlossen bleiben werden. Die einzig wahre und größte Freude im Leben eines Menschen ist, wenn Christus, die Hoffnung der Herrlichkeit, in unserem Herzen wohnt und uns immer mehr in sein Bild verwandelt.

Viele stellen die Frage: „Wie gibt man sich eigentlich ganz Gott hin?" Du hast den Wunsch, dich ihm zu übergeben, aber dir fehlt es an moralischer Stärke, du bist in Zweifeln gefangen und wirst von Gewohnheiten beherrscht, die dich in deinem sündigen Leben festhalten. Deine Versprechen und Vorsätze sind wie ein schwankendes Schilfrohr im Wind. Du bist nicht in der Lage, deine Gedanken, Gefühlsausbrüche und Emotionen unter Kontrolle zu bekommen. Du weißt, wie oft du deine Versprechen gebrochen und das, was du hoch und heilig gelobt hattest, nicht eingehalten hast. Dieses Wissen schwächt dein Selbstvertrauen – du zweifelst an deiner eigenen Aufrichtigkeit. Du hast schließlich das Gefühl, dass Gott dich nicht annehmen kann. Aber du brauchst nicht zu verzweifeln! Du musst das wahre Potenzial deiner Willenskraft verstehen! Die menschliche Natur ist so angelegt, dass der Wille als Steuerungsinstanz fungiert. Mit diesem Instrument triffst du Entscheidungen oder eine Wahl. Alles hängt vom richtigen Einsatz des Willens ab. Diese Fähigkeit, Entscheidungen zu treffen, hat Gott den Menschen gegeben, und sie soll von ihnen entsprechend eingesetzt werden. Du kannst dein Herz nicht selbst ändern, du kannst aus dir selbst heraus Gott nicht lieben. Aber Folgendes kannst du tun: Du kannst dich dafür entscheiden, ihm zu dienen. Du kannst ihm deinen Willen übergeben. Und dann wird er dir helfen, indem er „das Wollen und das Vollbringen nach seinem Wohlgefallen" in dir schafft (vgl. Philipper 2,13). So wird dein ganzes Wesen der Kontrolle des Geistes Christi unterworfen werden, deine Liebe wird sich ganz auf ihn konzentrieren, und deine Gedanken werden in Übereinstimmung mit ihm sein.

Sich Rechtschaffenheit und Heiligkeit zu wünschen, ist eine gute Sache, aber dies ist nur der erste Schritt. Er nützt gar nichts, wenn es nur bei diesem frommen Wunsch bleibt. Viele Menschen werden verloren gehen, obwohl sie hoffen und sich wünschen, Christen zu werden. Sie sind nie an den Punkt gekommen, dass sie ihren Willen Gott unterworfen haben. Sie entschieden sich einfach heute nicht dafür, Christen zu sein.

Wenn du deinen Willen in richtiger Weise einsetzt, kann in deinem Leben ein radikaler Wandel eintreten. Sobald du deinen Willen Christus übergibst, verbindest du dich mit einer Macht, die über allen „Fürstentümern und Gewalten" steht. Du wirst Stärke von oben erhalten, die dich unerschütterlich sein lässt. Indem du diese Hingabe an Gott ständig aufrechterhältst, wirst du befähigt, ein ganz neues Leben zu leben, nämlich das Leben des Glaubens.

KAPITEL

6

GLAUBE UND ANNAHME

Wenn dein Gewissen durch den Heiligen Geist wachgerüttelt wurde, beginnst du die Bösartigkeit der Sünde zu verstehen. Dir wird bewusst, welche Macht sie hat, wie viel Schuld sie verursacht und welches Leid sie anrichtet – und du empfindest tiefste Abscheu vor ihr. Du spürst, dass dich die Sünde von Gott getrennt und die Macht des Bösen gefangen genommen hat. Je mehr du dich anstrengst, ihr zu entkommen, desto stärker wird dir deine Hilflosigkeit bewusst. Deine Motive sind fragwürdig, dein Herz ist unrein. Du erkennst, dass in deinem Leben Selbstsucht und Sünde regiert haben. Du sehnst dich nach Vergebung, nach Reinigung und danach, wieder ein freier Mensch zu werden. Du wärst so gern im Einklang mit Gott und möchtest sein Wesen widerspiegeln – aber was kannst du tun, damit das gelingt?

Was du brauchst, ist Frieden – die Vergebung des Himmels sowie Frieden und Liebe in deinem Innersten. Mit Geld kann man ihn nicht kaufen, auch dein Verstand ist hier machtlos, und all deine Weisheit kann dir da nicht weiterhelfen. Es gibt keine Chance, durch eigene Anstrengungen in den Besitz dieses Friedens zu gelangen. Aber Gott bietet ihn dir als Geschenk an, „ohne Geld und umsonst" (Jesaja 55,1)! Vergebung, Liebe und Frieden gehören dir bereits – du brauchst nur deine Hand danach auszustrecken und sie zu ergreifen. Folgendes stellt uns der Herr in Aussicht: „Wenn eure Sünden wie Scharlach sind, sollen sie weiß werden wie der Schnee; wenn sie rot sind wie Karmesin, sollen sie weiß wie Wolle werden.“ (Jesaja 1,18) „Und ich will euch ein neues Herz geben und einen neuen Geist in euer Inneres legen.“ (Hesekiel 36,26)

Du hast jetzt deine Sünden bekannt und dich innerlich von ihnen losgesagt. Du hast den Entschluss gefasst, dich Gott zu übergeben. Nun wende dich an ihn und bitte darum, dass er deine Sünden abwäscht und dir ein neues Herz schenkt. Glaube dann, dass er es tut – ganz einfach, weil er es versprochen hat. Dies war eine der Lehren, die Jesus während seines Erdenlebens an seine Zuhörer weitergab: Wenn Gott uns eine Gabe verheißt, müssen wir nur glauben, dass wir sie empfangen, und dann gehört sie uns. Jesus heilte die Menschen von ihren Krankheiten, wenn sie an seine Macht glaubten. Seine Hilfe betraf Dinge, die sie konkret mit ihren Augen wahrnehmen konnten, und damit weckte er ihr Vertrauen, ihm auch in Angelegenheiten Glauben zu schenken, die für ihre Augen unsichtbar waren. So führte er sie dahin, an seine Macht, Sünden zu vergeben, zu glauben. Diesen Zusammenhang machte er bei der Heilung des Gelähmten ganz deutlich: „Damit ihr aber wisst, dass der Sohn des Menschen Vollmacht hat, auf Erden Sünden zu vergeben – sprach er zu dem Gelähmten: Steh auf, nimm deine Liegematte und geh heim!“ (Matthäus 9,6) Der gleichen Argumentation folgt der Evangelist Johannes, wenn er über die Wunder Christi spricht: „Diese aber sind geschrieben, damit ihr glaubt, dass Jesus der Christus, der Sohn Gottes ist, und damit ihr durch den Glauben Leben habt in seinem Namen.“ (Johannes 20,31)

Aus den schlichten biblischen Berichten über die Art und Weise, wie Jesus die Kranken heilte, können wir für uns selbst eine Lehre ableiten – nämlich, wie wir an ihn glauben müssen, um Vergebung für unsere Sünden zu erlangen. Betrachten wir einmal die Geschichte des Gelähmten am Teich

Bethesda. Dieser arme, leidgeprüfte Mensch war völlig hilflos. Seit 38 Jahren hatte er seine Arme und Beine nicht mehr benutzt. Und dann kam Jesus und forderte ihn auf: „Steh auf, nimm deine Liegematte und geh umher!“ Der kranke Mann hätte sagen können: „Herr, wenn du mich wieder gesund machst, dann kann ich deinen Worten Folge leisten.“ Aber das tat er nicht, sondern er glaubte den Worten Christi. Er glaubte, dass er gesund gemacht worden war, und bemühte sich sogleich aufzustehen. Er wollte gehen und konnte es auch! Er handelte auf das Wort Christi hin, und Gott schenkte ihm die Kraft dazu. Seine Gesundheit war wieder vollständig hergestellt!

Dein Zustand als Sünder ist diesem Gelähmten sehr ähnlich. Du bist hilflos und kannst deine vergangenen Sünden nicht wiedergutmachen. Du kannst dein Herz nicht verändern und dich nicht selbst heilig machen. Aber Gott verspricht dir, dass er genau das für dich tun will – durch Christus. Du musst diesem Versprechen nur glauben. Du bekennst deine Sünden und übergibst dein Leben Gott. Du erklärst dich bereit, ihm zu dienen. Und in dem Moment, wo du dies tust, wird Gott auch sein Versprechen einlösen, das er dir gegeben hat. Wenn du der Verheißung glaubst – nämlich, dass dir vergeben wurde und du von der Sünde gereinigt bist – dann macht Gott es wahr. Deine geistliche Gesundheit wird wiederhergestellt – genauso wie Christus dem Gelähmten in dem Moment die Kraft zum Gehen gab, als er glaubte, geheilt zu sein. Wenn du es glaubst, geschieht es.

Warte also nicht, bis du fühlst, dass du geheilt bist, sondern sage: „Ich glaube daran. Es ist eine Tatsache – nicht, weil ich es fühle, sondern weil Gott es versprochen hat.“

Jesus bestätigt dies, indem er sagt: „Alles, was ihr auch immer im Gebet erbittet, glaubt, dass ihr es empfangt, so wird es euch zuteil werden!“ (Markus 11,24) Allerdings ist diese Zusage an eine Bedingung geknüpft – unsere Bitte muss dem Willen Gottes entsprechen. Doch in diesem Fall ist es sicher der Wille Gottes, dass er uns von der Sünde reinigen, uns zu seinen Kindern machen und uns befähigen möchte, ein heiliges Leben zu führen. Wir dürfen also vertrauensvoll um diese Segnungen bitten und fest daran glauben, dass wir sie empfangen – und Gott dafür danken, dass wir sie empfangen haben. Es ist unser Vorrecht, zu Jesus gehen zu dürfen und von ihm gereinigt zu werden. Und dann können wir dem Gesetz gegenübertreten, ohne Schamgefühle oder Gewissensbisse haben zu müssen. „So gibt es jetzt keine Verdammnis mehr für die, welche in Christus Jesus sind, die nicht gemäß dem Fleisch wandeln, sondern gemäß dem Geist." (Römer 8,1)

Von nun an gehörst du nicht mehr dir selbst; du bist erkauft worden, und ein hoher Preis wurde für dich bezahlt: „Denn ihr wisst ja, dass ihr nicht mit vergänglichen Dingen, mit Silber oder Gold, losgekauft worden seid ... sondern mit dem kostbaren Blut des Christus, als eines makellosen und unbefleckten Lammes." (1. Petrus 1,18.19) Durch diesen simplen Akt, dass du einfach nur Gott glaubst, hat der Heilige Geist in deinem Herzen ein neues Leben hervorgebracht. Du bist als ein neues Kind in die Familie Gottes hineingeboren, und er liebt dich genauso, wie er seinen eigenen Sohn liebt.

Nachdem du dich jetzt Jesus übergeben hast, solltest du keinen Rückzieher machen, indem du dich wieder von ihm entfernst. Vielmehr sage an jedem neuen Tag: „Ich gehöre Christus. Ich habe mich ihm übergeben." Dann bitte ihn, dass er dir seinen Geist gibt und dich durch seine Gnade erhält und bewahrt. Du bist Gottes Kind geworden, indem du dich ihm übergeben und ihm geglaubt hast, und genauso musst du jetzt in deinem täglichen Leben in Verbindung mit Christus leben. Der Apostel Paulus schreibt: „Lebt nun auch so mit Jesus Christus, wie ihr ihn als Herrn angenommen habt!" (Kolosser 2,6)

Offenbar meinen manche Menschen, dass sie erst eine Art „Bewährung" absolvieren und Gott beweisen müssten, dass sich ihr Leben geändert hat, bevor sie seine Segnungen in Anspruch nehmen dürfen. Aber hier täuschen sie sich, sie dürfen Gottes Segnungen und Verheißungen ab sofort für sich beanspruchen. Dies ist sogar notwendig, denn sie brauchen seine Gnade. Ohne den Heiligen Geist, der ihr Beistand ist, können sie angesichts ihrer Schwächen dem Bösen nichts entgegensetzen. Jesus ist überglücklich, wenn wir genau so zu ihm kommen, wie wir sind – voller Sünde, hilflos und abhängig. Wir dürfen in unserer ganzen Schwachheit zu ihm kommen, in unserer Unvernunft und Sündhaftigkeit, und reumütig zu seinen Füßen niederfallen. Er möchte uns mit den Armen seiner Liebe umfangen, unsere Wunden verbinden und uns von all unserer Unreinigkeit reinwaschen. Darin besteht seine Herrlichkeit.

Aber genau hier erliegen sehr viele Menschen einer falschen Vorstellung. Sie können sich nicht vorstellen, dass Jesus ihnen ganz persönlich und individuell die Sünden vergibt. Sie nehmen Gott nicht beim Wort. Aber wer auch immer die genannten Bedingungen erfüllt, hat das Vorrecht, selbst die Erfahrung machen zu dürfen, dass ihm Vergebung in großzügiger Weise geschenkt wird. Dabei ist keine Sünde ausgenommen. Schieb die Zweifel, dass Gottes Versprechen für dich nicht gelten, zur Seite. Jeder, der Gottes Gesetz übertreten hat und in Reue zu Gott kommt, darf sich auf diese Verheißungen berufen. Jedem Einzelnen, der glaubt, stellt Christus Stärke und Segnungen zur Verfügung, indem er sie von dienenden Engeln übermitteln lässt. Niemand ist so sündig, dass er nicht in Jesus, der für ihn gestorben ist, Stärke, Reinheit und Gerechtigkeit finden kann. Er wartet nur darauf, dass er ihn von seinen befleckten, von Sünde verunreinigten Kleidern befreien und ihm das weiße Kleid der Gerechtigkeit anziehen darf. Jesus will nicht, dass auch nur ein Sünder stirbt, er bietet jedem das Leben an.

Gott behandelt uns anders, als wir sterbliche Menschen es im Umgang miteinander gewohnt sind. Seine Gedanken sind ganz von Barmherzigkeit, Liebe und dem zärtlichsten Mitgefühl durchdrungen. Er sagt: „Hast du dich gegen Gott aufgelehnt? Bist du eigene Wege gegangen und eigenen Plänen gefolgt? Dann hör auf damit! Kehr deinem alten Leben den Rücken und komm zum Herrn! Er wird sich über dich erbarmen. Unser Gott vergibt uns, was auch immer wir getan haben." „Eure Schuld und alle eure Sünden habe ich euch vergeben. Sie sind verschwunden wie Wolken, wie Nebelschwaden in der Sonne." (Jesaja 55,7; 44,22 HFA)

„Ich habe doch keine Freude daran, dass der Gottlose sterben muss. Darauf gebe ich, der Herr, mein Wort. Kehrt um von euren falschen Wegen, damit ihr am Leben bleibt!" (Hesekiel 18,32 HFA) Satan wartet nur darauf, dass er uns diese wunderbaren Zusicherungen Gottes rauben kann. Er gönnt der Seele nicht den leisesten Hoffnungsschimmer und möchte uns jeden Strahl des göttlichen Lichts vorenthalten. Du darfst nicht zulassen, dass ihm das gelingt. Weigere dich, auf die satanischen Einflüsterungen zu hören, sondern sage: „Jesus starb, damit ich leben kann. Er liebt mich! Er will nicht, dass ich verloren gehe! Ich habe einen Vater im Himmel, der voller Mitgefühl ist. Und obwohl ich seine Liebe verschmäht und seine Segnungen, die er mir schenkte, leichtfertig vergeudet habe, will ich mich aufmachen und zu meinem Vater gehen und sagen: ‚Ich habe gesündigt gegen den Himmel und vor dir; und ich bin nicht mehr wert, dein Sohn zu heißen; mache mich zu einem deiner Tagelöhner!'" Das hier zitierte Gleichnis Jesu erzählt weiter, wie der auf Abwege geratene Sohn bei seiner Rückkehr empfangen wird: „Als er aber noch fern war, sah ihn sein Vater und hatte Erbarmen; und er lief, fiel ihm um den Hals und küsste ihn." (Lukas 15,18-20)

Dieses Gleichnis ist herzergreifend und spiegelt so viel zärtliches Mitgefühl wider! Dennoch kann es das unendliche Erbarmen des himmlischen Vaters nur unvollkommen zum Ausdruck bringen. Gott verkündet durch seinen Propheten: „Mit ewiger Liebe habe ich dich geliebt; darum habe ich dich zu mir gezogen aus lauter Gnade.“ (Jeremia 31,3) Während der Sünder noch weit vom Haus des Vaters entfernt ist und dessen Vermögen in einem fremden Land verschleudert, sehnt sich das Herz des Vaters unablässig nach ihm. Jeder im menschlichen Herzen erwachende Impuls, zu Gott zurückzukehren, ist nichts anderes als die zärtlich werbende Stimme des Heiligen Geistes, der mit flehentlichen Bitten den Verirrten zum Herzen des Vaters, das von Liebe überfließt, ziehen möchte.

Kannst du angesichts der vielen kostbaren Verheißungen der Bibel noch zulassen, dass Zweifel aufkommen? Stell dir einen bedauernswerten Sünder vor, der sich danach sehnt, von seinen Sünden frei zu werden und zum Vater zurückzukehren. Kannst du dir wirklich vorstellen, dass Gott ihn voller Strenge daran hindert, reumütig zu seinen Füßen niederzufallen? Fort mit solchen Gedanken! Mit nichts kannst du deiner eigenen Seele mehr schaden, als wenn du ein solches Bild von Gott mit dir herumträgst. Ja, Gott hasst die Sünde, aber er liebt den Sünder! Er hat sich selbst – in der Person Jesus Christus – dem Menschen geschenkt, damit alle, die wollen, errettet werden können und in Gottes Reich der Herrlichkeit ewige Glückseligkeit erleben dürfen. Mit welch wunderbaren Worten hat Gott immer wieder seine Liebe zu uns zum Ausdruck gebracht! Gibt es noch stärkere Bilder und zärtlichere Worte als die, die Gott gewählt hat? Er erklärt: „Kann auch eine Frau ihr Kindlein vergessen, dass sie sich nicht erbarmt über ihren leiblichen Sohn? Selbst wenn sie ihn vergessen sollte – ich will dich nicht vergessen!“ (Jesaja 49,15)

Wenn du zweifelst und ganz verzagt bist, dann schau nach oben! Jesus lebt und tritt für uns als unser Fürsprecher ein. Danke Gott für das Geschenk, das er uns in seinem geliebten Sohn gemacht hat, und bete darum, dass er nicht vergeblich für dich gestorben ist. Der Heilige Geist lädt dich heute ein.

Komm mit weit geöffnetem Herzen zu Jesus, und du darfst seine Segnungen in Anspruch nehmen.

Wenn du die göttlichen Verheißungen liest, dann mache dir bewusst, dass sie der Ausdruck unaussprechlicher Liebe und unbeschreiblichen Mitleids sind. Mit grenzenlosem Mitgefühl sehnt sich das große Herz der unendlichen Liebe nach dem Sünder. „In ihm haben wir die Erlösung durch sein Blut, die Vergebung der Sünden." (Epheser 1,7) So ist es! Glaube nur, dass Gott an deiner Seite steht und dir helfen will. Er möchte im Menschen das göttliche Bild entsprechend seinem moralischen Maßstab wiederherstellen. Wenn du dich mit deiner Reue und deinem Sündenbekenntnis zu Gott hinwendest, wird er mit seiner Barmherzigkeit und Vergebung auf dich zukommen und dir ganz nahe sein.

KAPITEL

7

WORAN MAN EINEN CHRISTEN ERKENNT

„Wer mit Christus lebt, wird ein neuer Mensch. Er ist nicht mehr derselbe, denn sein altes Leben ist vorbei. Ein neues Leben hat begonnen!" (2. Korinther 5,17 NLB)

Manch einer ist vielleicht nicht in der Lage, den genauen Zeitpunkt oder den genauen Ort seiner Bekehrung anzugeben oder alle Umstände und einzelnen Schritte in diesem Prozess zurückzuverfolgen. Aber das bedeutet nicht, dass er diese Bekehrung nicht erlebt hat. Christus erklärte Nikodemus: „Der Wind bläst, wo er will, und du hörst sein Sausen wohl; aber du weißt nicht, woher er kommt und wohin er fährt. So ist ein jeder, der aus dem Geist geboren ist." (Johannes 3,8 LUT) Das Wirken des Geistes Gottes auf das menschliche Herz wird hier mit dem Wind verglichen: Auch wenn er unsichtbar ist, sind doch seine Auswirkungen deutlich zu sehen und zu spüren. Genauso ist es mit dem Geist. Diese erneuernde Kraft, die für das menschliche Auge unsichtbar ist, erzeugt im Inneren des Menschen ein neues Leben. Ein neues Wesen wird erschaffen, das das Bild Gottes widerspiegelt. Während das Wirken des Geistes lautlos und unmerklich vor sich geht, sind doch die Auswirkungen nicht zu übersehen. Wenn das Herz durch den Geist Gottes eine Erneuerung erfahren hat, wird diese Tatsache im Leben des Menschen sichtbar werden. Auch wenn wir selbst nichts dazu beitragen können, dass sich unsere Herzen ändern oder wir wieder im Einklang mit Gott leben, und auch wenn wir uns in keiner Weise auf unsere eigene Stärke oder unsere guten Werke verlassen dürfen, wird unser Leben doch deutlich offenbaren, ob die Gnade Gottes in unserem Inneren wohnt. Man wird die Veränderung in unserem Charakter, in unseren Gewohnheiten und in der Ausrichtung auf neue Ziele wahrnehmen. Der Unterschied zwischen unserem früheren und unserem jetzigen Verhalten wird klar und eindeutig zu erkennen sein. Allerdings offenbart sich unser Charakter nicht in gelegentlichen guten oder schlechten Taten, sondern in der Gesamttendenz unserer gewohnheitsmäßigen Verhaltensweisen, die sich in Worten und Taten äußern.

Es stimmt natürlich, dass man auch ohne die erneuernde Kraft Christi ein äußerlich durchaus korrektes Benehmen an den Tag legen kann. Dahinter steckt häufig der Wunsch, von anderen anerkannt zu werden und den uns überaus wichtigen persönlichen Einfluss auszubauen. Selbstachtung kann uns dazu bringen, dem äußeren Schein nach das Böse zu meiden. Und auch ein selbstsüchtiges Herz ist zu wohlwollenden und großzügigen Handlungen fähig. Aber wie können wir dann herausfinden, auf wessen Seite wir tatsächlich stehen?

Wir sollten uns fragen: Wem gehört unser Herz? Mit wem beschäftigen sich unsere Gedanken? Von wem reden wir am liebsten? Wem gehört unsere innigste Zuneigung? Für wen setzen wir unsere besten Kräfte ein? Wenn wir Christus gehören, dann verweilen unsere Gedanken bei ihm – nichts erwärmt unser Herz mehr, als über ihn nachzusinnen. Alles, was wir sind und haben, ist ihm geweiht. Wir sehnen uns danach, ihn in unserem Leben widerzuspiegeln, seinen Geist zu atmen, seinen Willen zu tun und ihm in jeder Hinsicht Freude zu bereiten.

Alle, die durch Christus ein neuer Mensch geworden sind, werden in ihrem Leben Eigenschaften entwickeln, die „Früchte des Geistes" genannt werden: „Liebe, Freude, Friede, Langmut, Freundlichkeit, Güte, Treue, Sanftmut, Selbstbeherrschung." (Galater 5,22) Der Maßstab für ihr Leben sind nicht mehr ihre früheren Begierden, sondern durch den Glauben an den Sohn Gottes hat sich alles verändert: Sie folgen seinen Fußspuren, spiegeln seine Charakterzüge wider und reinigen sich selbst entsprechend dem Vorbild seiner Reinheit. Dinge, die sie einst hassten, lieben sie jetzt, und Dinge, die sie einst liebten, hassen sie. Die Stolzen und Eingebildeten werden sanftmütig, bescheiden und von Herzen demütig. Die Eitlen und Arroganten werden seriös und zurückhaltend. Die Trinker werden nüchtern und die Lasterhaften rein. Die sinnlosen Gepflogenheiten und Modeerscheinungen der Welt werden abgelegt. Nachfolger Christi streben nicht nach äußerlichem Schmuck, sondern ihre „Schönheit, soll von innen kommen! Freundlichkeit und ein ausgeglichenes Wesen sind der unvergängliche Schmuck, der in Gottes Augen Wert hat." (1. Petrus 3,3.4 GNB)

Der Beweis echter Reue zeigt sich darin, dass das Leben eine Neugestaltung erfährt. Wenn der Sünder seinem Schuldner das Pfand zurückgibt, alles, was er sich unrechtmäßig angeeignet hat, wieder zurückerstattet, seine Sünden bekennt sowie Gott und seine Mitmenschen liebt, dann darf er gewiss sein, dass er sich nicht mehr auf dem Weg des Todes, sondern des Lebens befindet.

Wenn wir als fehlbare und sündige Wesen zu Christus kommen und er uns voller Barmherzigkeit verzeiht, wird in unserem Herzen eine tiefe Liebe entfacht. Jede Last erscheint leicht, denn das Joch, das Christus uns auferlegt, ist sanft. Die Pflicht wird zur Freude und ein Opfer wird gern dargebracht. Der Pfad, der zuvor in Dunkelheit gehüllt schien, wird plötzlich von den Strahlen der Sonne der Gerechtigkeit erhellt.

Die Schönheit des Charakters Christi wird in seinen Nachfolgern sichtbar werden. Für ihn selbst war es die höchste Freude, den Willen Gottes zu tun. Die Liebe zu Gott und das tiefe Verlangen, Gott zu verherrlichen, waren die treibende Kraft im Leben des Erlösers. Alles, was er tat, gewann durch seine Liebe an Schönheit und wurde aufgewertet. Die Liebe kommt von Gott. In einem Herzen, das sich nicht Jesus unterstellt hat, kann keine echte Liebe entstehen. Man findet sie nur bei Menschen, in deren Herz Jesus das Sagen hat. „Wir lieben, weil er uns zuerst geliebt hat." (1. Johannes 4,19) Wenn das Herz durch göttliche Gnade erneuert worden ist, werden alle Handlungen durch den Grundsatz der Liebe bestimmt. Diese Liebe verändert den Charakter, beherrscht unsere Empfindungen und Emotionen, hält die Leidenschaften im Zaum, überwindet feindselige Gedanken und lässt unsere Gefühle gegenüber anderen Menschen edelmütig werden. Diese im Herzen gehegte Liebe macht das Leben angenehm und lebenswert und hat einen positiven Einfluss auf alle Menschen um uns herum.

Es gibt zwei Irrtümer, vor denen Kinder Gottes besonders auf der Hut sein müssen. Das gilt besonders für diejenigen, für die das Vertrauen auf Gottes Gnade noch eine ganz neue Erfahrung ist. Den ersten Gefahrenpunkt haben wir bereits angesprochen. Er besteht darin, dass man auf seine eigenen Werke schaut, sich auf seine eigene Leistung verlässt und meint, man könne sich selbst wieder mit Gott in Einklang bringen. Wer durch seine eigenen Werke heilig werden möchte, indem er aus eigener Kraft das Gesetz Gottes hält, versucht Unmögliches. Alles, was der Mensch ohne Christus tun kann, ist von Egoismus und Sünde durchsäuert. Allein die Gnade Christi, die wir im Glauben annehmen, kann uns heilig machen.

Der andere, nicht weniger gefährliche Irrtum zielt in die entgegengesetzte Richtung. Hier meint der Mensch, dass der Glaube an Christus ihn vom Halten des Gesetzes Gottes befreit. Angeblich hätten unsere Werke nichts mit unserer Erlösung zu tun, da wir ja die Gnade Christi allein durch den Glauben empfangen.

Aber dabei sollten wir Folgendes beachten: Beim Gehorsam geht es nicht um eine lediglich äußerliche Regelkonformität, sondern um einen Dienst aus Liebe. Das Gesetz Gottes ist ein Ausdruck seines ureigensten Wesens. Deshalb verkörpert es das große Prinzip der Liebe und bildet die Grundlage der Regierung Gottes, die sich über den Himmel und die Erde erstreckt. Wenn unsere Herzen erneuert werden und das Bild Gottes widerstrahlen und die göttliche Liebe in unserer Seele eingepflanzt worden ist – werden wir dann nicht Gottes Gesetz in unserem Leben in die Tat umsetzen? Wenn der Grundsatz der Liebe im Herzen verwurzelt ist und der Mensch nach dem Ebenbild dessen, der ihn erschaffen hat, erneuert wird, dann erfüllt sich die Verheißung des Neuen Bundes: „Ich will meine Gesetze in ihre Herzen geben und sie in ihre Sinne schreiben." (Hebräer 10,16) Und wenn nun das Gesetz ins Herz geschrieben ist, wird es dann nicht die Gestaltung des Lebens entscheidend beeinflussen? Gehorsam – also der durch Liebe motivierte Dienst und die auf Liebe basierende Loyalität – ist der wahre Beweis dafür, dass wir Jesu Nachfolger sind. Deshalb sagt die Bibel auch: „Das ist die Liebe zu Gott, dass wir seine Gebote halten." „Wer sagt: Ich habe ihn erkannt, und hält seine Gebote nicht, der ist ein Lügner, und in dem ist die Wahrheit nicht." (1. Johannes 5,3; 2,4 LUT) Der Glaube entbindet uns also nicht von unserer Gehorsamspflicht. Im Gegenteil, der Glaube – und nur er allein – gibt uns Anteil an der Gnade Christi, die uns erst fähig macht, wirklich gehorsam zu sein.

Aber natürlich verdienen wir uns die Erlösung nicht mit unserem Gehorsam, denn sie wird uns umsonst als Geschenk Gottes angeboten, das wir durch den Glauben empfangen. Gehorsam ist vielmehr die natürliche Folge des Glaubens. „Ihr wisst, dass er erschienen ist, um unsere Sünden hinwegzunehmen; und in ihm ist keine Sünde. Wer in ihm bleibt, der sündigt nicht; wer sündigt, der hat ihn nicht gesehen und nicht erkannt." (1. Johannes 3,5.6) Hier wird das wahre Erkennungsmerkmal eines Nachfolgers genannt. Wenn wir mit Christus verbunden bleiben und die Liebe Gottes in uns wohnt, werden unsere Gefühle und Gedanken sowie unsere Ziele, Absichten und Handlungen in Übereinstimmung mit dem Willen Gottes sein, wie er in den Geboten seines heiligen Gesetzes zum Ausdruck kommt. „Liebe Kinder, lasst euch von niemand verführen! Wer handelt, wie es dem Willen Gottes entspricht, ist gerecht, wie Christus gerecht ist." (1. Johannes 3,7 NLB) Gerechtigkeit wird durch den Maßstab des heiligen Gesetzes Gottes definiert, welches in den am Berg Sinai verkündigten Zehn Geboten zusammengefasst wird.

Ein fälschlich sogenannter „Glaube an Christus", der vorgibt, dass Menschen von der Verpflichtung zum Gehorsam Gott gegenüber entbunden sind, ist nicht Glaube, sondern reine Anmaßung. „Durch Gnade seid ihr errettet durch den Glauben", aber „Glaube, wenn er keine Werke hat, ist tot" (Epheser 2,8; Jakobus 2,17). Bevor Jesus auf diese Erde kam, machte er über sich selbst folgende Aussage: „Deinen Willen, mein Gott, tue ich gern, und dein Gesetz habe ich in meinem Herzen." (Psalm 40,8) Kurz bevor er wieder in den Himmel auffuhr, erklärte er: „Ich habe die Gebote meines Vaters gehalten und bin in seiner Liebe geblieben." (Johannes 15,10) Weiter sagt die Bibel: „Und daran merken wir, dass wir ihn erkannt haben, wenn wir seine Gebote halten ... Wer sagt, dass er in ihm bleibt, der soll so leben, wie er gelebt hat." (1. Johannes 2,3.6 LUT) „... weil auch Christus für uns gelitten und uns ein Vorbild hinterlassen hat, damit ihr seinen Fußstapfen nachfolgt." (1. Petrus 2,21)

Die Bedingung, unter der wir ewiges Leben erhalten, ist heute dieselbe wie zu allen Zeiten. Es ist die gleiche Bedingung, die für unsere ersten Eltern im Paradies vor dem Sündenfall galt. Sie lautet: vollkommener Gehorsam gegenüber dem Gesetz Gottes und vollkommene Rechtschaffenheit und Gerechtigkeit. Würde das ewige Leben zu einer Bedingung gewährt, der diese Elemente fehlen, stünde das Glück des gesamten Universums auf dem Spiel. Denn damit wäre der Sünde mit all ihrem Leid und Elend im Gefolge nicht nur Tür und Tor geöffnet, sie würde ewig weiterbestehen.

Vor dem Sündenfall wäre es für Adam möglich gewesen, einen rechtschaffenen Charakter zu entwickeln, wenn er Gottes Gesetz befolgt hätte. Aber weil er in diesem Punkt versagte, ist die Natur des Menschen als Folge seiner Sünde verdorben, und wir können uns nicht aus eigener Kraft rechtschaffen und gerecht machen. Und weil wir sündhaft und unheilig sind, können wir dem heiligen Gesetz auch nicht vollkommen gehorchen. Wir besitzen aus uns selbst heraus keinerlei Gerechtigkeit, mit der wir die Ansprüche des Gesetzes Gottes erfüllen könnten. Aber Christus hat für uns einen Ausweg geschaffen. Er lebte hier auf der Erde unter denselben Widrigkeiten und Versuchungen, mit denen auch wir konfrontiert sind. Er jedoch lebte ein Leben ganz ohne Sünde. Er starb für uns, und jetzt bietet er uns an, unsere Sünden auf sich zu nehmen und uns im Gegenzug seine Gerechtigkeit zu schenken. Wenn du dich ihm übergibst und ihn als Erlöser annimmst, wirst du – egal wie sündig dein Leben auch gewesen sein mag – um seinetwillen als gerecht gelten. Der Charakter Christi tritt an die Stelle deines Charakters, und du wirst in den Augen Gottes als so gerecht angesehen, als hättest du nie gesündigt.

Doch noch mehr geschieht: Christus verändert auch das Herz. Durch den Glauben wohnt er in deinem Herzen. Deine Aufgabe ist es, diese Verbindung mit Christus aufrechtzuerhalten, indem du glaubst und beständig deinen Willen Christus unterstellst. Solange du dies tust, wird er in dir wirken: Er wird „das Wollen und das Vollbringen schaffen – nach seinem Wohlgefallen.“ (vgl. Philipper 2,13) Du kannst dann sagen: „Darum lebe nicht mehr ich, sondern Christus lebt in mir! Mein vergängliches Leben auf dieser Erde lebe ich im Glauben an Jesus Christus, den Sohn Gottes, der mich geliebt und sein Leben für mich gegeben hat." (Galater 2,20 HFA) Deshalb sagte Jesus zu seinen Jüngern: „Denn nicht ihr seid es, die reden, sondern der Geist eures Vaters ist es, der durch euch redet." (MATTHÄUS 10,20) Wenn Christus auf diese Weise in dir wirkt, wirst du denselben Geist offenbaren und die gleichen guten Taten vollbringen – Werke der Rechtschaffenheit und des Gehorsams.

In uns selbst gibt es nichts, worauf wir stolz sein könnten. Es besteht kein Anlass zur Selbsterhöhung. Die einzige Grundlage unserer Hoffnung ist die uns zugerechnete Gerechtigkeit Christi und das, was der Heilige Geist in uns und durch uns wirkt.

Wenn wir vom Glauben sprechen, sollten wir uns bewusst machen, dass man zwischen verschiedenen Formen des Glaubens unterscheiden muss. Es gibt eine Form des „Glaubens", die man als eine Anerkennung von Fakten definieren könnte – im Gegensatz zu dem Glauben, der auf echtem Vertrauen basiert. Die Existenz und Macht Gottes sowie die Wahrheit seines Wortes sind Tatsachen, die selbst Satan und seine Scharen im tiefsten Inneren anerkennen müssen. Die Bibel sagt: „Das glauben auch die Dämonen, und sie zittern vor Angst." (Jakobus 2,19 NLB) Dies ist jedoch nicht dieser lebendige Glaube, der durch persönliches Vertrauen gekennzeichnet ist. Wahrer Glaube muss mehr sein als ein Fürwahrhalten des Wortes Gottes. Wenn wir unseren eigenen Willen Gott unterstellen, ihm unser Herz übergeben und unsere ganze Zuneigung ihm gehört, dann kann man von diesem lebendigen Glauben sprechen – einem Glauben, der durch die Liebe tätig ist und unsere Seele reinigt. Dieser Glaube bewirkt, dass unser Herz erneuert und in das Ebenbild Gottes verwandelt wird. Der Mensch, dessen Herz sich in seinem früheren, nicht erneuerten Zustand dem Gesetz Gottes nicht unterworfen hat, weil es dies tatsächlich gar nicht konnte, hat nun Freude an den heiligen Geboten Gottes und ruft wie der Schreiber der Psalmen aus: „Ich habe dein Gesetz unendlich lieb! Den ganzen Tag beschäftigt es mein Denken." (Psalm 119,97 GNB) Auf diese Weise wird die vom Gesetz geforderte Gerechtigkeit in uns erfüllt, „denn jetzt bestimmt Gottes Geist und nicht mehr die sündige menschliche Natur unser Leben" (Römer 8,4 HFA).

Es gibt Menschen, die die vergebende Liebe Christi kennengelernt haben und sich von Herzen wünschen, Gottes Kinder zu sein. Aber gleichzeitig ist ihnen bewusst, wie unvollkommen ihr Charakter und fehlerbehaftet ihr Leben ist, und so kommen Zweifel auf, ob ihr Herz wirklich durch den Heiligen Geist eine Erneuerung erfahren hat. Diesen Zweiflern möchte ich zurufen: Zieh dich nicht in Verzweiflung zurück! Wir werden uns oft zu den Füßen Jesu niederbeugen und wegen all unserer Unzulänglichkeiten und Fehler weinen müssen. Aber wir dürfen uns nicht entmutigen lassen. Selbst wenn uns der Feind bezwingen konnte, wird Gott uns nicht fallen lassen oder zurückweisen. Gott verlässt uns niemals! Vielmehr legt Christus, der zur Rechten Gottes ist, Fürsprache für uns ein. Johannes, der geliebte Jünger, versichert uns: „Dies schreibe ich euch, damit ihr nicht sündigt! Und wenn jemand sündigt, so haben wir einen Fürsprecher bei dem Vater, Jesus Christus, den Gerechten." (1. Johannes 2,1) Und vergiss auch nicht diese Worte Christi: „Denn er selbst, der Vater, hat euch lieb!" (Johannes 16,27) Er sehnt sich danach, dich zu erneuern und ihm ähnlich zu machen, sodass sich seine eigene Reinheit und Heiligkeit in dir widerspiegeln. Du musst dich ihm nur völlig hingeben, dann wird er, der das gute Werk in dir begonnen hat, es auch bis zu dem Tag weiterführen, an dem Jesus Christus wiederkommt. Bete inniger und vertraue fester. Wenn wir an den Punkt kommen, wo wir uns nicht länger auf unsere eigene Kraft verlassen, dann lasst uns der Macht unseres Erlösers umso mehr vertrauen, und wir werden ihn preisen, der „das Heil meines Angesichts ist" (Psalm 42,12 ELB).

Je inniger unser Verhältnis zu Jesus wird, desto schmerzlicher wird uns unsere Fehlerhaftigkeit bewusst werden. Denn unser Blick wird geschärft werden, und wir werden den starken Kontrast zwischen unseren Unzulänglichkeiten und seinem vollkommenen Wesen deutlicher wahrnehmen. Das ist ein Beweis dafür, dass die Täuschungen Satans ihre Macht über uns verloren haben und uns der lebenspendende Einfluss des Geistes Gottes wachgerüttelt hat.

In einem Herzen, das sich seiner eigenen Sündhaftigkeit nicht bewusst ist, kann niemals die tief verwurzelte Liebe zu Jesus wohnen. Wer durch die Gnade Christi verwandelt worden ist, wird dessen göttlichen Charakter bewundern. Wenn wir aber gar nicht realisieren, wie sehr wir in moralischer Hinsicht verdorben sind, ist das ein unverkennbarer Beweis dafür, dass wir die Schönheit und unübertroffene Exzellenz Christi noch gar nicht wirklich wahrgenommen haben.

Je weniger wir von uns selbst halten, desto mehr werden wir die unendliche Reinheit, Herzensgüte und Schönheit unseres Erlösers zu schätzen wissen. Der Blick auf unsere Sündhaftigkeit treibt uns zu dem, der uns vergeben kann. Und wenn sich der Mensch im Bewusstsein seiner eigenen Hilflosigkeit nach Christus ausstreckt, wird er sich ihm in seiner ganzen Macht offenbaren. Je mehr uns das Bewusstsein unserer Bedürftigkeit zu ihm und dem Wort Gottes treibt, desto deutlicher eröffnet sich uns die Herrlichkeit seines Charakters, und desto deutlicher werden wir sein Ebenbild widerspiegeln.

KAPITEL

8

IN CHRISTUS WACHSEN

Die Veränderung des Herzens, durch die wir zu Kindern Gottes werden, wird in der Bibel mit einer Geburt verglichen. Ein anderes Bild dafür ist das Aufkeimen des guten Samens, den der Sämann ausgestreut hat. Dementsprechend werden Personen, die sich neu zu Christus bekehrt haben, als „neugeborene Kindlein" bezeichnet, die zur geistigen Größe von Männern und Frauen in Jesus Christus „heranwachsen". (1. Petrus 2,2; Epheser 4,15) Sie sollen wie der gute Samen auf dem Feld wachsen und Frucht bringen. Jesaja spricht davon, dass sie „Bäume der Gerechtigkeit, eine Pflanzung des Herrn" genannt werden, durch die er seine Macht und Herrlichkeit zeigt. (Jesaja 61,3) Hier werden also Bilder aus der Natur verwendet, die uns helfen sollen, die geheimnisvollen Wahrheiten des geistlichen Lebens besser zu verstehen.

Trotz aller Errungenschaften in Wissenschaft und Technik ist der Mensch nicht in der Lage, auch nur im allerkleinsten Objekt der Natur Leben hervorzubringen. Nur aufgrund der von Gott selbst verliehenen Lebenskraft können Pflanzen wie Tiere leben. Ebenso ist es im geistlichen Bereich: Nur das von Gott geschenkte Leben kann im Herzen der Menschen geistliches Leben erzeugen. Wenn ein Mensch nicht „von oben herab" neu geboren wird (Johannes 3,3), kann er nicht in den Genuss des Lebens kommen, das Christus schenken möchte.

Mit dem Wachstum verhält es sich nicht anders als mit der Entstehung des Lebens. Es ist Gott, der die Knospe zum Blühen bringt und aus der Blüte die Frucht heranwachsen lässt. Seine Kraft ist es, die die Entwicklung des Samens ermöglicht, „zuerst den Halm, danach die Ähre, dann den vollen Weizen in der Ähre" (Markus 4,28). Und der Prophet Hosea sagt über Israel, dass „es blühen soll wie eine Lilie". Und weiter: Sie „sollen wiederum Getreide hervorbringen und blühen wie der Weinstock." (Hosea 14,5.7) Jesus fordert uns auf: „Betrachtet die Lilien, wie sie wachsen!" (Lukas 12,27) Pflanzen und Blumen wachsen nicht aufgrund ihrer eigenen Fürsorge oder Anstrengung, sie brauchen sich auch keine Sorgen zu machen, sondern ihr Wachstum beruht ausschließlich auf dem Empfang dessen, was Gott an Lebensnotwendigem für sie bereitgestellt hat. Auch ein Kind kann nicht durch eigene Kraftanstrengung oder dadurch, dass es sich sorgt, etwas zu seinem Wachstum beitragen. Genauso wenig kannst du durch ängstliches Sorgen oder eigene Anstrengungen dein geistliches Wachstum bewirken. Die Pflanze und das Kind wachsen, indem sie aus ihrer Umgebung die für ihr Leben notwendigen Elemente aufnehmen – Luft, Sonnenschein und Nahrung. So wie diese Gaben der Natur für Menschen, Tiere und Pflanzen unabdingbar sind, spielt auch Christus im Leben der Menschen, die ihr Vertrauen auf ihn setzen, diese lebensnotwendige Rolle. Er ist ihr „ewiges Licht", er ist „Sonne und Schild". (Jesaja 60,19; Psalm 84,12) Er wird „wie der Tau sein für Israel" und „herabkommen wie Regen auf die Aue". (Hosea 14,6; Psalm 72,6) Er ist das lebendige Wasser und „das Brot Gottes ... das aus dem Himmel herabkommt und der Welt Leben gibt." (Johannes 6,33)

Gott hat durch das unvergleichliche Geschenk seines Sohnes die ganze Welt in eine Atmosphäre der Gnade eingehüllt, die genauso real wie die Luft ist, die um den Globus zirkuliert. Alle, die sich dafür entscheiden, diese lebenspendende Atmosphäre einzuatmen, werden leben und zur vollen geistlichen Größe von Männern und Frauen in Jesus Christus heranwachsen.

Wie sich die Blume der Sonne zuwendet, damit die hellen Strahlen das Ihre tun, um sie zu vollkommener Schönheit und Ebenmäßigkeit heranwachsen zu lassen, so sollen wir uns der Sonne der Gerechtigkeit zuwenden, damit das Licht des Himmels auf uns scheint und unser Charakter nach dem Vorbild Christi geformt und ihm immer ähnlicher wird.

Dieselbe Lehre will Jesus mit folgendem Bild vermitteln: „Bleibt in mir, und ich bleibe in euch! Gleichwie die Rebe nicht von sich selbst aus Frucht bringen kann, wenn sie nicht am Weinstock bleibt, so auch ihr nicht, wenn ihr nicht in mir bleibt ... Denn getrennt von mir könnt ihr nichts tun.“ (Johannes 15,4.5) Um ein heiliges Leben zu führen, bist du genauso von Christus abhängig wie eine Rebe vom Weinstock, damit sie wachsen und Frucht bringen kann. Getrennt von Jesus hast du kein Leben. Du hast keine Kraft, der Versuchung zu widerstehen oder in Heiligkeit und Gnade zu wachsen. Aber wenn du in ihm bleibst, wirst du aufblühen. Du beziehst deine Lebenskraft von Christus und wirst deshalb nicht verkümmern oder ohne Frucht bleiben. Du wirst wie ein Baum sein, der direkt neben Wasserströmen gepflanzt ist.

Viele haben die Vorstellung, einen Teil der notwendigen Leistung selbst erbringen zu müssen. Was die Sündenvergebung betrifft, haben sie ihr Vertrauen auf Christus gesetzt, aber jetzt versuchen sie, aus eigener Anstrengung ein rechtschaffenes Leben zu führen. Solche Bemühungen sind jedoch allesamt zum Scheitern verurteilt. Jesus sagt: „Ohne mich könnt ihr nichts tun.“ Von unserer inneren Verbindung mit Christus hängt so viel ab – unser Wachstum in der Gnade, unsere Freude und unsere Brauchbarkeit. Wachstum in der Gnade geschieht, wenn wir mit ihm Gemeinschaft haben, nicht nur täglich, sondern stündlich – das bedeutet es, in ihm zu bleiben. Er ist nicht nur der Anfänger, sondern auch der Vollender unseres Glaubens. Christus muss der Erste und der Letzte und unser Alles sein. Er soll nicht nur am Anfang oder am Ende unseres Lebensweges bei uns sein, sondern jeden einzelnen Schritt unseres Pfades begleiten. David sagte: „Ich habe den Herrn allezeit vor Augen; weil er zu meiner Rechten ist, wanke ich nicht.“ (Psalm 16,8)

Vielleicht fragst du: „Wie kann ich in Christus bleiben?“ Auf die gleiche Art und Weise, wie du ihn am Anfang angenommen hast. „Wie ihr nun Christus Jesus als euren Herrn angenommen habt, so lebt auch mit ihm.“ „Der Gerechte aber wird aus Glauben leben.“ (Kolosser 2,6; Hebräer 10,38) Du hast dich Gott übergeben, um ihm ganz zu gehören, ihm zu dienen und zu gehorchen, und hast Christus als deinen Erlöser angenommen. Du konntest nicht selbst für deine Sünden sühnen oder selbst dein Herz ändern. Aber indem du dich Gott übergeben hast, bringst du deinen Glauben zum Ausdruck, dass er all diese Dinge um Christi willen für dich getan hat. Durch den Glauben gehörst du jetzt Christus, und durch den Glauben sollst du jetzt in ihm wachsen – durch Geben und Nehmen. Von deiner Seite wird erwartet, dass du Gott alles hingibst – dein Herz, deinen Willen, deine Bereitschaft zum Dienen. Gib dich ihm hin mit allem, was du bist, um seinen Anforderungen Folge zu leisten. Andererseits sollst du von Gott alles annehmen – du sollst Christus mit der ganzen Fülle seiner Segnungen annehmen, damit er in deinem Herzen wohnt, deine Stärke ist, deine Gerechtigkeit und dein immerwährender Helfer. Er wird dir die Kraft zum Gehorsam geben.

Weihe dich Gott jeden Morgen neu! Das muss die allererste Handlung des Tages sein. Sage ihm im Gebet: „Nimm mich, o Herr, ich will dir ganz gehören. Alle meine Pläne lege ich dir zu Füßen. Gebrauche mich heute in deinem Dienst. Bleibe an meiner Seite und lass alles, was ich tue, aus deiner Kraft heraus und in deinem Sinn geschehen!“ Diese Übergabe muss täglich geschehen. Weihe dich Gott jeden Morgen für den jeweiligen Tag. Unterstelle ihm alle deine Pläne, damit er dir durch seine Führung zeigen kann, ob du sie umsetzen kannst oder fallen lassen sollst. Auf diese Weise kannst du einen Tag nach dem anderen dein Leben Gott in die Hände legen, und dein Leben wird so dem Vorbild Christi immer ähnlicher werden.

Ein Leben mit Christus ist ein Leben der Ruhe und inneren Ausgeglichenheit. Du verspürst vielleicht kein emotionales Hochgefühl, dafür aber ein beständiges und friedvolles Vertrauen. Dabei gründet sich deine Hoffnung nicht auf dich selbst, sondern auf Christus. Deine Schwachheit hat sich mit seiner Stärke verbunden, deine Unwissenheit mit seiner Weisheit und deine Zerbrechlichkeit mit seiner unerschöpflichen Kraft. Du darfst deshalb nicht auf dich selbst schauen und dich in Gedanken mit deinem eigenen Ich beschäftigen, sondern schau hin auf Christus! Denke über seine Liebe nach und über die Schönheit und Vollkommenheit seines Charakters. Es gibt so vieles, was du zum Gegenstand deines Nachdenkens machen kannst: Christus, der sein eignes Ich völlig in den Hintergrund stellt – Christus in seiner Erniedrigung – Christus in seiner Reinheit und Heiligkeit – Christus in seiner einzigartigen Liebe. Indem wir diese Liebe erwidern, sein Vorbild nachahmen und uns vollständig von ihm abhängig machen, werden wir ihm immer ähnlicher werden.

Jesus fordert uns auf: „Bleibt in mir." Diese Worte vermitteln die Vorstellung von innerer Ruhe, Beständigkeit und Vertrauen. Er lädt uns ein: „Kommt her zu mir … und ich werde euch Ruhe geben." (Matthäus 11,28) In den Psalmen finden wir denselben Gedanken mit folgenden Worten ausgedrückt: „Werde ruhig vor dem Herrn und warte gelassen auf sein Tun!" (Psalm 37,7 GNB) Und Jesaja versichert uns: „Wenn ihr gelassen abwartet und mir vertraut, dann seid ihr stark." (Jesaja 30,15 GNB) Diese innere Ruhe oder Gelassenheit darf nicht mit Untätigkeit verwechselt werden. Denn bei seiner

Einladung verknüpft Jesus die Verheißung der Ruhe mit einer Aufforderung zum aktivem Dienst: „Nehmet auf euch mein Joch ... so werdet ihr Ruhe finden für eure Seelen." (Matthäus 11,29) Je stärker sich jemand auf Christus verlässt und in ihm ruht, desto ernsthafter und engagierter wird er in seiner Arbeit für ihn sein.

Wenn die Gedanken fortwährend um das eigene Ich kreisen, verliert man Christus, die Quelle der Kraft und des Lebens, aus den Augen. Aus diesem Grund ist es Satans ständiges Bestreben, unsere Aufmerksamkeit mit anderen Dingen zu beschäftigen, damit wir nur nicht auf unseren Erlöser schauen. Sein Ziel ist es, auf diese Weise die Gemeinschaft, die Christus mit den Menschen verbindet, zu verhindern. Er möchte unser Denken mit allen möglichen anderen Themen in Beschlag nehmen – all den Vergnügungen der Welt, den Herausforderungen, Schwierigkeiten und Sorgen des täglichen Lebens, den Schwächen und Fehlern der anderen, oder auch mit unseren eigenen Fehlern und Unzulänglichkeiten. Lass dich von Satans trickreichen Methoden nicht in die Irre führen. Bei vielen Menschen, die wirklich gewissenhaft sind und sich wünschen, für Gott zu leben, gelingt es ihm nur allzu oft, ihre Gedanken auf die eigenen Fehler und Schwächen zu lenken. Und indem er sie so von Christus trennt, hofft er, den Sieg davonzutragen. Wir sollten nicht ständig mit unseren Gedanken um uns selbst kreisen und uns in Sorgen und Ängsten verlieren über die Frage, ob wir nun gerettet werden oder nicht. Solche Gedanken treiben einen Keil zwischen uns und die Quelle unserer Kraft. Überlass die Sorge um deine Seele ganz Gott und vertraue ihm! Mach in deinem Reden und Denken Jesus zum Mittelpunkt, sodass dein Ich ganz in ihm aufgeht. Schiebe alle Zweifel beiseite und verabschiede dich von all deinen Ängsten. Sage wie der Apostel Paulus: „Ich lebe, aber nicht mehr ich selbst, sondern Christus lebt in mir. Ich lebe also mein Leben in diesem irdischen Körper im Glauben an den Sohn Gottes, der mich geliebt und sich selbst für mich geopfert hat.“ (Galater 2,20 NLB) Ruhe in Gott! Was du ihm übergeben hast, das kann er auch bewahren. Wenn du dich seiner Fürsorge anvertraust, wird er dafür sorgen, dass du in allen Dingen zum Überwinder wirst – und zwar durch den, dessen Liebe dir gewiss ist.

Als Christus die menschliche Natur annahm, hat er sich selbst mit einem so starken Band der Liebe an die Menschheit gebunden, dass keine Macht der Welt es zerreißen kann – es sei denn, der Mensch selbst entscheidet sich dagegen. Satan wird nicht aufhören, uns mit irgendwelchen Verlockungen dahin zu bringen, dass wir dieses Band durchtrennen und uns entschließen, uns von Christus abzuwenden. Genau hier gilt es, wachsam zu sein, zu beten und darum zu ringen, dass wir uns nicht durch irgendetwas verleiten lassen, einen anderen Meister zu wählen. Wir haben jederzeit die Freiheit, uns anders zu entscheiden. Wir sollten jedoch unseren Blick immer auf Christus gerichtet halten, und er wird uns bewahren. Wenn wir auf Jesus schauen, sind wir sicher. Nichts kann uns aus seiner Hand reißen. Wenn wir ihn beständig vor Augen haben, werden wir „verwandelt in dasselbe Bild von Herrlichkeit zu Herrlichkeit, nämlich vom Geist des Herrn.“ (2. Korinther 3,18)

Auf diese Art und Weise wurden auch die ersten Jünger ihrem geliebten Erlöser immer ähnlicher. Als diese Jünger den Worten Jesu lauschten, wurde ihnen bewusst, wie sehr sie ihn brauchten. Sie hatten ihn gesucht und gefunden – und nun folgten sie ihm nach. Ständig waren sie in seiner Gegenwart – im Haus, bei Tisch, in der Kammer, auf dem Feld. Wie Schüler von ihrem Lehrer hörten sie Tag für Tag aus seinem Mund Unterweisungen über heilige Wahrheiten. Und wie Diener zu ihrem Herrn blickten sie auf zu Jesus, um ihren Auftrag entgegenzunehmen. Diese Jünger waren schwache Menschen mit „gleichen Gemütsbewegungen wie wir“ (Jakobus 5,17 ELB). Sie mussten denselben Kampf gegen die Sünde ausfechten. Und sie benötigten genauso die Gnade Gottes, um ein heiliges Leben führen zu können.

Selbst Johannes, der geliebte Jünger, der das Ebenbild des Erlösers am deutlichsten widerspiegelte, besaß diese Liebenswürdigkeit des Charakters nicht von Natur aus. Ursprünglich war er nicht nur stark von sich selbst eingenommen, ehrgeizig und ehrsüchtig, sondern besaß auch ein hitziges Temperament und reagierte gereizt auf Kränkungen. Aber als sich vor seinen Augen der Charakter des Einen, der von Gott kam, entfaltete, wurde ihm seine eigene Unzulänglichkeit bewusst. Diese Erkenntnis ließ ihn demütig und bescheiden werden. Was er im täglichen Leben des Sohnes Gottes beobachtete – diese Stärke und Geduld, Kraft und zartfühlende Empfindsamkeit, die majestätische Erhabenheit und gleichzeitige Sanftmut – erfüllte ihn mit Bewunderung und Liebe. Jeden Tag fühlte sich sein Herz stärker zu Christus hingezogen, bis er aus Liebe zu seinem Meister sein eigenes Ich völlig aus den Augen verlor. Er unterwarf sein reizbares, ehrgeiziges Naturell ganz der umgestaltenden Macht Christi. Der Einfluss des Heiligen Geistes bewirkte einen Sinneswandel und erneuerte sein Herz. Und die Macht der Liebe Christi bewirkte eine völlige Umwandlung seines Charakters. Dies wird immer das Ergebnis der Gemeinschaft mit Jesus sein. Wenn Christus im Herzen eines Menschen lebt, wird dessen ganzes Wesen umgestaltet. Der Geist Christi besänftigt durch seine Liebe die Seele und erweicht das Herz. Die Gedanken und Sehnsüchte werden nach oben auf Gott und den Himmel gelenkt.

Selbst nachdem Christus in den Himmel aufgefahren war, verspürten seine Nachfolger noch immer seine Anwesenheit. Es war eine ganz persönliche Gegenwart, voller Liebe und Licht. Jesus, der Erlöser, der unter ihnen gelebt und mit ihnen gesprochen und gebetet hatte, der ihren Herzen Hoffnung und Trost zugesprochen hatte, war aus ihrer Mitte heraus in den Himmel aufgenommen worden, während noch die Worte, mit denen er ihnen seinen Frieden verhieß, von seinen Lippen kamen. Und als ihn eine Wolke von Engeln aufnahm, hallte ihnen der Klang seiner Stimme noch immer in den Ohren: „Siehe, ich bin bei euch alle Tage bis an das Ende der Weltzeit!“ (Matthäus 28,20) Er war in menschlicher Gestalt zum Himmel aufgefahren. Sie wussten, dass er, auch wenn er jetzt vor dem Thron Gottes stand, ihr Freund und Heiland blieb; dass sich an seiner Zuneigung ihnen gegenüber nichts änderte; dass er weiterhin als der Vertreter der leidenden Menschheit angesehen werden würde. Er legte Gott die Verdienste seines eigenen kostbaren Blutes vor, indem er auf seine verwundeten Hände und Füße hinwies. Diese Wundmale sind eine immerwährende Erinnerung an den Preis, den er für die durch ihn Erlösten bezahlt hat. Die Jünger wussten, dass er zum Himmel aufgefahren war, um für sie Wohnstätten vorzubereiten, und dass er wiederkommen und sie zu sich holen würde.

Als sie sich nach der Himmelfahrt wieder versammelten, konnten sie es kaum erwarten, ihre Bitten an den Vater jetzt im Namen Jesu vorzutragen. Von feierlicher Ehrfurcht erfüllt, beugten sie sich im Gebet und wiederholten, was Jesus ihnen zugesichert hatte: „Was auch immer ihr den Vater bitten werdet in meinem Namen, er wird es euch geben! Bis jetzt habt ihr nichts in meinem Namen gebeten; bittet, so werdet ihr empfangen, damit eure Freude völlig wird!“ (Johannes 16,23.24) Immer höher streckten sie im Glauben ihre Hand aus, wobei sie in überzeugender Weise argumentierten: „Christus Jesus selbst ist ja für uns gestorben. Mehr noch, er ist der Auferstandene. Er sitzt auf dem Ehrenplatz zur rechten Seite Gottes und tritt für uns ein.“ (Römer 8,34 NLB) Zu Pfingsten wurde dann die Gegenwart des Trösters (auch Beistand genannt) Realität, von dem Christus versprochen hatte, dass er „in euch sein wird“. Auch hatte er gesagt: „Es ist euch nützlich, dass ich weggehe, denn wenn ich nicht weggehe, wird der Beistand nicht zu euch kommen; wenn ich aber hingehe, werde ich ihn zu euch senden.“ (Johannes 14,17; 16,7 ELB) Christus sollte also von nun an fortwährend in den Herzen seiner

Kinder gegenwärtig sein, indem der Heilige Geist in ihnen wohnte. Ihre Verbindung mit Jesus war dadurch noch enger als zu der Zeit, als er persönlich unter ihnen lebte. Dass Christus jetzt in ihnen wohnte, war nach außen sichtbar – sein Licht, seine Liebe und seine Kraft strahlten durch sie hindurch – sodass die Menschen, die sie beobachteten, „sich verwunderten; und sie erkannten, dass sie mit Jesus gewesen waren“ (Apostelgeschichte 4,13).

Alles, was Christus für die Jünger war, möchte er auch heute in gleicher Weise für seine Kinder sein; denn in seinem letzten Gebet, als die kleine Schar der Jünger um ihn versammelt war, sagte er: „Ich bitte aber nicht für diese allein, sondern auch für die, welche durch ihr Wort an mich glauben werden.“ (Johannes 17,20)

Jesus betete damals für uns. Und seine Bitte lautete, dass wir mit ihm genauso eins werden würden, wie er eins mit dem Vater war. Welch erstaunliche Einheit wird hier beschrieben! Über sich selbst sagte der Erlöser: „Der Sohn kann nichts von sich selbst aus tun“; „der Vater, der in mir wohnt, der tut die Werke.“ (Johannes 5,19; 14,10) Wenn also Christus in unserem Herzen wohnt, wird er uns sowohl „den Willen“ schenken als auch „die Kraft, ihn so auszuführen, wie es ihm gefällt“ (Philipper 2,13 HFA). Wir werden so wirken und arbeiten, wie er es getan hat. Bei uns wird sich derselbe Geist offenbaren wie bei ihm. Auf diese Weise werden wir – indem wir ihn lieben und eng mit ihm verbunden bleiben – „heranwachsen in allen Stücken zu ihm hin, der das Haupt ist – Christus“ (Epheser 4,15).

KAPITEL

9

LEBEN IM DIENST FÜR ANDERE

Für das gesamte Universum ist Gott die Quelle des Lebens, des Lichts und der Freude. So wie Lichtstrahlen aus der Sonne hervorbrechen oder Wasserströme aus einer lebendigen Quelle hervorsprudeln, so fließen Gottes Segnungen von ihm zu allen seinen Geschöpfen. Und jedes menschliche Herz, das dieses Leben aus Gott in sich trägt, wird von seiner Liebe überfließen und diese Liebe und Wohltaten an andere weitergeben.

Die Freude unseres Erlösers bestand darin, in Sünde gefallene Menschen wieder aufzurichten und zu erlösen. Dafür war ihm nicht einmal sein eigenes Leben zu kostbar, sondern er „erduldete das Kreuz und achtete dabei die Schande für nichts“ (Hebräer 12,2). Genauso sind die Engel ununterbrochen aktiv, um andere glücklich zu machen. Anderen zu dienen ist ihnen eine Freude. Die Arbeit dieser sündlosen Engel würden selbstsüchtige Herzen als etwas Erniedrigendes ansehen: Die Engel kümmern sich um diejenigen, die jämmerlich, elend und ihnen vom Charakter und ihrer Stellung her in jeder Hinsicht unterlegen sind. Die Geisteshaltung der sich aufopfernden Liebe Christi durchdringt den ganzen

Himmel und ist das Herzstück der himmlischen Glückseligkeit. Diese Haltung werden alle, die Christus nachfolgen, besitzen und dementsprechend auch handeln.

Wenn die Liebe Christi in unserem Herzen verankert ist, ist sie wie ein lieblicher Wohlgeruch – sie kann nicht verborgen bleiben. Ihren heiligen Einfluss werden alle, mit denen wir in Berührung kommen, verspüren. Der Geist Christi im Herzen ist wie eine Quelle in der Wüste, an deren Wasser sich alle laben können. Alle, die kurz vor dem Verschmachten sind, werden begierig vom Wasser des Lebens trinken wollen.

Unsere Liebe zu Jesus wird sich darin äußern, dass wir das Verlangen verspüren, genau wie er zum Segen und zur Ermutigung der Menschheit wirksam zu sein. Wir werden dahin geführt, allen Geschöpfen, die der Fürsorge unseres himmlischen Vaters unterstellt sind, mit Liebe, Verständnis und zärtlichem Mitgefühl zu begegnen.

Unser Erlöser verbrachte sein Leben auf der Erde nicht in Beschaulichkeit und ichbezogener Bequemlichkeit, sondern mit harter Arbeit. Mit allem Ernst und Nachdruck bemühte er sich beharrlich und unermüdlich um die Errettung verlorener Menschen. Sein ganzes Leben lang – von der Krippe bis nach Golgatha – folgte er dem Pfad der Selbstverleugnung und machte nie den Versuch, schwierigen Aufgaben, strapaziösen Reisen oder anstrengenden Pflichten und Arbeiten aus dem Weg zu gehen. Er erklärte: „Der Sohn des Menschen ist nicht gekommen, um sich dienen zu lassen, sondern um zu dienen und sein Leben zu geben als Lösegeld für viele." (Matthäus 20,28) Genau dies war sein großes, einzigartiges Lebensziel. Daneben war alles andere zweitrangig und von untergeordneter Bedeutung. Gottes Willen zu tun und seine Aufgabe zu Ende zu führen, war für ihn Speise und Trank. Für Egoismus und eigennützige Interessen gab es keinen Raum in seinem Wirken.

In gleicher Weise werden alle, die die Gnade Christi erfahren haben, zu jeglichem Opfer bereit sein, damit auch andere, für die er ebenso gestorben ist, das Geschenk des Himmels erhalten können. Sie werden alles Menschenmögliche tun, damit diese Welt durch ihr Dasein zu einem besseren Ort wird. Eine solche Geisteshaltung ist das unweigerliche Ergebnis einer wahrhaftigen Herzensbekehrung. Sobald ein Mensch zu Christus gefunden hat, erwacht in seinem Herzen das Verlangen, auch anderen mitzuteilen, welch wunderbaren Freund er in Jesus gefunden hat. Eine solche Wahrheit, die rettet und heiligt, kann man nicht für sich behalten. Wenn wir mit der Gerechtigkeit Christi bekleidet und von der Freude des in uns wohnenden Heiligen Geistes erfüllt sind, werden wir darüber nicht schweigen können. Wer Psalm 34,9 selbst erlebt hat – „Schmecket und sehet, wie freundlich der Herr ist!" – wird etwas zu erzählen haben. Wir werden wie Philippus, als er den Erlöser gefunden hatte, andere dazu einladen, ihn ebenfalls persönlich kennenzulernen. Unser Ziel wird sein, ihnen Christus so anziehend wie möglich darzustellen und ihnen die Realität der heute noch nicht sichtbaren, zukünftigen Welt vor Augen zu führen. Wir werden ganz von dem Wunsch durchdrungen sein, den Fußstapfen Jesu zu folgen, und ein tiefes Verlangen haben, dass die Menschen in unserem Umfeld Jesus Christus sehen, „das Lamm Gottes, das die Sünde der Welt hinwegnimmt" (Johannes 1,29)!

Durch unsere Bemühungen, anderen zum Segen zu sein, werden wir selbst gesegnet werden. Genau das ist der Grund, warum uns Gott im Erlösungsplan eine Rolle übertragen hat. Er hat dem Menschen das Vorrecht gewährt, „an seinem ewigen Wesen und Leben Anteil [zu] haben" (2. Petrus 1,4 HFA), damit sie ihrerseits die göttlichen Segnungen an ihre Mitmenschen weitergeben. Dies ist die höchste Ehre, die Gott dem Menschen verleihen und die größte Freude, mit der er ihn beschenken kann. Die engste Verbindung mit ihrem Schöpfer erleben diejenigen, die auf diese Weise zu Mitarbeitern in dieser von Liebe getragenen Arbeit werden.

Gott hätte die Aufgabe der Evangeliumsverkündigung einschließlich all der Werke des liebevollen Dienstes am Mitmenschen auch den himmlischen Engeln übertragen können. Er hätte auch noch ganz andere Mittel einsetzen können, um sein Ziel zu erreichen. Aber es war seine unendliche Liebe, die ihn dazu bewog, uns zu Mitarbeitern zu machen, die mit Gott, mit Christus und den Engeln zusammenarbeiten, damit auch wir in den Genuss des Segens, der Freude und der geistlichen Erbauung kommen können, die aus diesem selbstlosen Dienst erwachsen.

Wenn wir mit Christus mitleiden, können wir auch viel besser mit ihm mitfühlen. Jede aufopfernde Tat zum Wohle anderer Menschen, bei der das eigene Ich zurückgestellt wird, stärkt im Herzen des Gebenden den Geist der Freigiebigkeit und Güte. Eine solche Haltung verbindet ihn enger mit dem Erlöser der Welt, der, „obwohl er reich war, um euretwillen arm wurde, damit ihr durch seine Armut reich würdet" (2. Korinther 8,9). Und nur wenn wir auf diese Weise Gottes ursprüngliche Absicht umsetzen, wie er sie bei der Erschaffung mit uns Menschen hatte, wird unser Leben zu einem echten Segen für uns werden.

Wenn du anfängst, auf die Art und Weise aktiv zu werden, wie Christus es für seine Nachfolger vorgesehen hat, und Seelen für ihn gewinnst, wirst du spüren, wie sehr du eine noch tiefere Erfahrung mit Gott benötigst, und merken, dass du größere Erkenntnis in göttlichen Dingen brauchst. Du wirst regelrecht nach Gerechtigkeit hungern und dürsten. Du wirst dich mit flehentlichen Bitten an Gott wenden, und dein Glaube wird gestärkt werden. Deine Seele wird in immer tieferen Zügen aus der Quelle des Heils trinken. Wenn du auf Widerstand und Schwierigkeiten stößt, wird dich das dahin führen, Zuflucht bei der Bibel und im Gebet zu suchen. Du wirst in der Gnade wachsen, und deine Erkenntnis über Christus wird immer mehr zunehmen, sodass dein Erfahrungsschatz ständig reicher wird.

Der Geist selbstlosen Wirkens für andere verleiht unserem Charakter Tiefe, Standfestigkeit und christusähnliche Schönheit, und das Leben wird von Frieden und Glück erfüllt sein. Ein solcher Mensch hat hohe Ansprüche. Trägheit und Selbstsucht passen nicht mehr zu seinem Leben. Menschen, die auf diese Art und Weise die christlichen Tugenden in die Tat umsetzen, werden wachsen und an Stärke in der Arbeit für Gott zunehmen. Sie werden ein klares, geistliches Auffassungsvermögen sowie einen gefestigten Glauben besitzen, der immer noch stärker wird, und ihre Kraft im Gebet wird immer mehr zunehmen. Der Geist Gottes wird auf den menschlichen Geist einwirken, und diese göttliche Berührung wird die heiligen Harmonien der Seele zum Klingen bringen. Wer sich so auf selbstlose Weise um das Wohl anderer bemüht, wird ganz gewiss seine Erlösung bewirken (vgl. Philipper 2,12 ELB).

Die einzige Art und Weise, wie wir in der Gnade wachsen können, ist die uneigennützige Umsetzung genau der Aufgabe, die Christus uns so eindringlich ans Herz gelegt hat – uns entsprechend unseren Fähigkeiten für andere einzusetzen, indem wir ihnen mit dem, was wir ihnen an notwendiger Hilfe anzubieten haben, zum Segen werden. Stärke kommt durch regelmäßige Bewegung, und Aktivität ist ein Grundprinzip des Lebens. Wer zwar bestrebt ist, ein christliches Leben zu führen, aber die ihm durch die Gnade zufließenden Segnungen einfach nur in passiver Weise in Anspruch nimmt, ohne dabei selbst etwas für Christus zu tun, versucht nichts anderes als „zu essen, ohne zu arbeiten" (vgl. 2. Thessalonicher 3,10). Sowohl in der geistlichen als auch in der physischen Welt kann dies immer nur zu Verfall und dem Verkümmern der Kräfte führen. Wenn sich jemand weigert, seine Gliedmaßen zu bewegen, wird er bald jegliche Kraft zur Betätigung seiner Muskeln einbüßen. Ebenso wird ein Christ, der es versäumt, seine ihm von Gott geschenkten Kräfte einzusetzen, nicht nur aufhören, in Christus zu wachsen, sondern irgendwann auch die Stärke, die er bereits besaß, wieder verlieren.

Die Gemeinde Christi ist Gottes auserwähltes Werkzeug zur Erlösung der Menschen. Sie hat den Auftrag, das Evangelium in der ganzen Welt zu verbreiten. Und in diese Verpflichtung ist jeder einzelne Christ mit eingeschlossen. Jeder soll seinen Gaben und Möglichkeiten entsprechend den Auftrag des Erlösers in die Tat umsetzen. Wir sind es denen, die Christus noch nicht kennen, schuldig, weil uns seine Liebe offenbart worden ist. Gott hat uns Erkenntnis und Licht geschenkt, damit wir es nicht nur selbst nutzen, sondern auch anderen zugutekommen lassen.

Würden die Nachfolger Jesu aufwachen und ihre Pflicht wahrnehmen, gäbe es dort, wo heute nur einer wirkt, Tausende, die das Evangelium in nichtchristlichen Gebieten verkündigen. Und alle, die sich nicht persönlich in diese Aufgabe einbringen können, würden das Werk auf andere Art und Weise unterstützen – durch ihre innere Anteilnahme, ihre finanziellen Mittel und ihre Gebete. Und auch in den traditionell christlichen Ländern gäbe es deutlich ernsthaftere Anstrengungen zur Errettung von Menschen.

Um für Christus tätig zu sein, müssen wir nicht in fremde Länder reisen. Wir brauchen nicht einmal den engeren Familienkreis zu verlassen, wenn wir dort unsere Verpflichtungen haben. Wir können innerhalb unserer Familie, in der Kirchengemeinde und unter allen Menschen wirken, mit denen wir beruflich oder anderweitig in Kontakt stehen.

Den größten Teil seines Lebens verbrachte unser Erlöser in der Zimmermannswerkstatt in Nazareth, wo er geduldig seiner Arbeit nachging. Dienstbereite Engel begleiteten ihn, während er – der Herr des Lebens – Seite an Seite mit Bauern und einfachen Arbeitern lebte, unerkannt und ohne jegliche Ehrung. Bei dieser Arbeit in seinem bescheidenen Handwerk erfüllte er seinen Auftrag genauso gewissenhaft und treu wie bei seiner späteren Tätigkeit, als er die Kranken heilte oder auf den sturmgepeitschten Wellen des Sees Genezareth wandelte. Genauso können auch wir bei den einfachsten

Pflichten und in niedrigsten gesellschaftlichen Stellungen in unserer Arbeit mit Jesus verbunden sein und mit ihm leben.

Der Apostel Paulus schreibt: „Jeder soll an dem Platz bleiben, an dem er war, als Gott ihn zum Glauben rief. Dort soll er ihm dienen." (1. Korinther 7,24 HFA) Ein Geschäftsmann kann sein Geschäft auf eine Art und Weise führen, dass er durch seine Ehrlichkeit seinem Meister Ehre erweist. Wenn er ein wahrer Nachfolger Christi ist, wird sein Glaube in allem, was er tut, sichtbar werden, und Menschen werden in seinem Leben den Geist Christi erkennen. Ein Handwerker kann durch seinen Fleiß und seine Zuverlässigkeit ein Zeugnis für Christus ablegen, der ebenso unter den einfachen Gesellschaftsschichten in den Hügeln Galiläas ein hartes Arbeitsleben führte. Wer sich selbst als Christ bezeichnet, sollte so arbeiten, dass andere, die seine Arbeitshaltung und seine guten Werke sehen, dazu gebracht werden, ihren Schöpfer und Erlöser zu preisen.

Es gibt viele, die ihre Gaben nicht in den Dienst Christi stellen, mit der Entschuldigung, andere würden größere Talente besitzen und bessere Voraussetzungen mitbringen. Irgendwie hat sich die Auffassung durchgesetzt, dass nur diejenigen, die außerordentliche Begabungen aufweisen, die Verpflichtung hätten, ihre Fähigkeiten in den Dienst Gottes zu stellen. Viele denken, dass nur eine bestimmte, bevorzugte Klasse von Menschen diese Talente erhalten habe und folglich die anderen nicht dazu berufen seien, sich an der mühevollen Arbeit zu beteiligen und entsprechenden Lohn zu erhalten. Aber das entspricht nicht dem, was Jesus in dem Gleichnis zum Ausdruck bringen wollte, als ein Hausherr seine Knechte rief. Er „gab allen seinen Bediensteten Anweisungen, was sie arbeiten sollten." (Markus 13,34 NLB)

Wenn uns die Liebe antreibt, können wir selbst die bescheidensten Pflichten des Lebens „als für den Herrn" (Kolosser 3,23) tun. Wenn die Liebe Gottes unser Herz erfüllt, wird das in unserem Leben sichtbar werden. Wie ein süßer Wohlgeruch wird uns der Geist Christi umgeben, und unser Einfluss wird andere erbauen und ihnen zum Segen sein.

Du solltest nicht auf großartige Gelegenheiten warten oder auf außergewöhnliche Fähigkeiten hoffen, ehe du dich an die Arbeit für Gott machst. Auch brauchst du keinen Gedanken daran zu verschwenden, was wohl die anderen, die nicht glauben, über dich denken werden. Wenn dein tägliches Leben Zeugnis davon ablegt, wie ehrlich und echt dein Glaube ist, und andere deutlich spüren, wie gern du ihnen Gutes tun möchtest, werden deine Bemühungen nicht vergeblich sein.

Selbst die einfachsten und ärmsten Nachfolger Jesu können für andere ein Segen sein. Vielleicht haben sie gar nicht den Eindruck, etwas Besonderes geleistet zu haben, aber ohne dass sie sich dessen bewusst sind, kann ihr Einfluss etwas anstoßen, was zu einem Segen wird und sich wie eine Welle immer weiter ausbreitet und vertieft. Die segensreichen Auswirkungen ihres Handelns werden sie vielleicht erst am Tag der endgültigen Belohnung erfahren. Sie haben nicht das Gefühl, dass sie irgendetwas Großartiges tun – sie wissen es gar nicht. Es erwartet auch niemand von ihnen, dass sie sich sorgenvolle Gedanken über ihren möglichen Erfolg machen. Sie müssen nur still vorangehen und getreulich die Aufgabe erfüllen, die Gott ihnen in seiner Vorsehung zugewiesen hat. Und dann wird ihr Leben nicht sinnlos sein. Sie selbst werden geistlich wachsen und Christus immer ähnlicher werden. Schon in diesem Leben arbeiten sie mit Gott zusammen, und dadurch werden sie auf die höhere Aufgabe und die ungetrübten Freuden des zukünftigen Lebens vorbereitet.

KAPITEL

10

GOTT BESSER KENNENLERNEN

Gottes Bestreben ist es, dass wir ihn kennenlernen und er eine Beziehung zu uns aufbauen kann. Dazu benutzt er die unterschiedlichsten Möglichkeiten. Ohne Unterlass spricht die Natur zu unserem Verstand und allen unseren Sinnen. Wer sein Herz öffnet, wird von der Liebe und Herrlichkeit Gottes beeindruckt sein, wie sie sich in all den Werken offenbaren, die seine Hände erschaffen haben. Wer genau hinhört, kann mit seinem inneren Ohr hören und verstehen, wie Gott durch die Natur zu uns spricht. Die grünen Felder, die hoch aufragenden Bäume, die Knospen und Blüten, die vorbeiziehenden Wolken, der herabströmende Regen, der plätschernde Bach, das prachtvolle Himmelszelt – alle diese Dinge sprechen zu unserem Herzen und laden uns ein, denjenigen, der all dies erschaffen hat, kennenzulernen.

Unser Erlöser verknüpfte die Inhalte seiner wertvollen Unterrichtsstunden mit Dingen aus der Natur. Bäume und Vögel, die Blumen in den Tälern, Hügel und Seen und der wunderschöne Himmel waren Elemente, die er mit seinen Lehren über die Wahrheit in Verbindung brachte. Genauso nutzte er Begebenheiten und Schauplätze des täglichen Lebens, sodass seine Lektionen ständig ins Gedächtnis zurückgerufen wurden, selbst inmitten der Geschäftigkeit und den Sorgen und Mühen des menschlichen Lebens.

Gott möchte, dass seine Kinder seine Werke wertschätzen und sich an der schlichten, unaufdringlichen Schönheit ergötzen, mit der er unser irdisches Zuhause geschmückt hat. Er liebt alles Schöne, aber mehr noch als äußere Attraktivität liebt er die innere Schönheit des Charakters. Er wünscht sich, dass wir die Reinheit und Schlichtheit entwickeln, die auch den Blumen ihre stille Anmut verleihen.

Wenn wir nur richtig hinhören würden, könnten wir erkennen, wie Gottes erschaffene Werke uns wertvolle Lektionen über Gehorsam und Vertrauen erteilen. Angefangen von den Sternen, die durch alle Zeitalter hindurch auf unsichtbaren Bahnen ihrem vorbestimmten Pfad durchs Weltall folgen, bis hin zum winzigsten Atom gehorcht die gesamte Natur dem Willen des Schöpfers. Und Gott kümmert sich um jedes Detail und erhält alles, was er erschaffen hat. Er, der die unzählbaren Welten im grenzenlosen All in der Hand hält, kümmert sich gleichzeitig um die Bedürfnisse des kleinen, braunen Sperlings, der unbekümmert sein bescheidenes Liedchen zwitschert. Auch über jeden einzelnen Menschen wacht der himmlische Vater in zärtlicher Fürsorge: wenn sie an ihre tägliche Arbeit gehen genauso, wie wenn sie im Gebet sind; wenn sie sich abends zur Ruhe legen und wenn sie morgens wieder aufstehen; wenn der Reiche in seinem Palast ein Festmahl veranstaltet genauso, wie wenn der Arme seine Kinder um den kärglich gedeckten Tisch schart. Es gibt keine heimlich vergossene Träne, die Gott nicht doch bemerkt; und kein Lächeln, das er nicht beachtet.

Könnten wir diese Tatsache nur von ganzem Herzen glauben, würden sich alle unnötigen Ängste und Sorgen in Luft auflösen. Wir müssten uns in unserem Leben nicht mit so vielen Enttäuschungen herumschlagen, wie es jetzt der Fall ist. Denn wir würden alles, seien es große oder kleine Anliegen, in Gottes Hand legen. Ihn kann nichts aus der Fassung bringen, egal wie zahlreich oder erdrückend die Probleme auch sein mögen. Würden wir das tun, könnten wir uns eines wahren Seelenfriedens erfreuen, den viele Menschen schon lange nicht mehr kennen.

Wenn du mit allen Sinnen die Lieblichkeit und Schönheit der Erde wahrnimmst und dich daran erfreust, dann denke an die zukünftige Welt, die niemals vom zerstörerischen Einfluss der Sünde und des Todes berührt werden wird. Dort wird die Natur nie wieder den Schatten des Fluches tragen müssen. Male dir vor deinem inneren Auge die zukünftige Heimat der Erlösten aus und denke daran, dass alles noch viel herrlicher sein wird, als wir es uns in unseren kühnsten Vorstellungen erträumen können. Die Vielfalt, die Gott uns in der Natur geschenkt hat, ist nur ein sehr schwacher Abglanz seiner wahren Herrlichkeit. In der Bibel heißt es: „Kein Auge hat je gesehen, kein Ohr je gehört und kein Verstand je erdacht, was Gott für diejenigen bereithält, die ihn lieben." (1. Korinther 2,9 NLB)

Dichter und Naturforscher haben eine Menge über die Natur zu sagen, aber in Wirklichkeit sind es die Christen, die sich am intensivsten an der Schönheit der Erde erfreuen können und sie am stärksten zu schätzen wissen. Denn nur sie können darin die Handschrift ihres himmlischen Vaters erkennen, dessen Liebe in jeder Blume, jedem Strauch und jedem Baum sichtbar wird. Niemand kann die Schöpfung richtig wertschätzen, wenn er nicht in Hügeln und Tälern, in Flüssen und Seen ihre wahre Bedeutung erkennt, nämlich dass sie Ausdruck der Liebe Gottes zum Menschen sind.

Gott spricht zu uns durch den Einfluss seines Geistes auf unser Herz, aber auch dadurch, wie er Umstände fügt und lenkt. Wenn unsere Herzen offen für diese Eindrücke sind, können wir erkennen, wie Gott uns durch unsere Lebensumstände und die Dinge, die um uns herum geschehen und sich täglich verändern, wertvolle Lehren vermitteln will. Der Schreiber der Psalmen stellt im Zusammenhang mit Gottes

Fürsorge und seiner Fügung unserer Lebensumstände fest: „Die Erde ist erfüllt von der Güte des Herrn." „Wer weise ist, wird dies beachten, und er wird die Gnadenerweise des Herrn verstehen." (Psalm 33,5; 107,43)

Gott spricht auch in seinem Wort zu uns. Hier werden uns auf noch deutlichere Art und Weise sein Wesen, sein Umgang mit uns Menschen und das große Werk der Erlösung offenbart. Auch liegt hier die Geschichte der Patriarchen und Propheten sowie anderer heiliger Menschen aus alter Zeit aufgeschlagen vor uns. Sie waren schwache Menschen wie wir, die den „gleichen Gemütsbewegungen" unterworfen waren wie wir. (Jakobus 5,17 ELB) Wir können sehen, dass sie mit denselben Enttäuschungen zu kämpfen hatten wie wir, dass sie in Versuchungen versagt haben, wie es auch uns schon geschehen ist, und dass sie doch wieder Mut gefasst und mithilfe der Gnade Gottes den Sieg errungen haben. Wenn wir dies vor Augen haben, werden wir in unserem Streben nach Rechtschaffenheit ermutigt. Wenn wir von den wertvollen Erfahrungen lesen, die sie machen durften, von dem Licht, der Liebe und den Segnungen, derer sie sich erfreuten, und von dem Werk, das sie mithilfe der ihnen verliehenen Gnade vollbrachten, dann entfacht der Geist, der sie inspirierte, auch in unserem Herzen ein heiliges Feuer, sodass in uns der Wunsch entsteht, ihnen nachzueifern – der Wunsch, denselben Charakter wie sie zu besitzen und so mit Gott zu leben, wie sie es taten.

Über die Schriften des Alten Testaments sagte Jesus: „Sie sind es, die von mir Zeugnis geben." (Johannes 5,39) Sie zeugen vom Erlöser – von dem, auf den wir unsere ganze Hoffnung auf das ewige Leben setzen. Und wie viel mehr trifft die Aussage Jesu auch auf das Neue Testament zu! Ja, die gesamte Heilige Schrift erzählt von Christus. Angefangen vom Schöpfungsbericht – hier sagt die Bibel: „Es gibt nichts, was er, das Wort, nicht geschaffen hat" – bis hin zur allerletzten biblischen Verheißung, „Siehe, ich komme bald", lesen wir überall in der Heiligen Schrift von seinem Wirken und hören seine Stimme. (Johannes 1,3 NLB; Offenbarung 22,12) Wenn du den Erlöser kennenlernen möchtest, dann studiere die Heilige Schrift.

Lass dein ganzes Herz mit den Worten von Gott erfüllt werden. Sie sind das lebendige Wasser, das deinen brennenden Durst stillt. Sie sind das lebendige Brot vom Himmel. Jesus sagt dazu: „Wenn ihr nicht das Fleisch des Menschensohnes esst und sein Blut trinkt, so habt ihr kein Leben in euch." Was das bedeutet, erklärt er so: „Die Worte, die ich zu euch rede, sind Geist und sind Leben." (Johannes 6,53.63) Auf den geistlichen und körperlichen Bereich lässt sich die gleiche Gesetzmäßigkeit anwenden: So wie unser Körper von dem aufgebaut wird, was wir essen und trinken, verleiht das, womit wir uns gedanklich beschäftigen, unserem Geist Spannkraft und Stärke.

Selbst die Engel haben das Verlangen, sich intensiv mit dem Thema der Erlösung auseinanderzusetzen. Dieses Thema wird durch die endlosen Zeitalter der Ewigkeit hindurch Gegenstand des Forschens und Inhalt des Lobgesangs der Erlösten sein. Sollte es dann nicht als so wichtig angesehen werden, dass wir uns schon jetzt gründlich damit beschäftigen und es studieren? Die unendliche Barmherzigkeit und Liebe Jesu sowie das Opfer, das er an unserer Stelle brachte, sind Themen, mit denen wir uns voller Ehrfurcht und mit höchstem Ernst beschäftigen sollten. Wir sollten über den Charakter unseres geliebten Erlösers und Fürsprechers nachdenken. Wir sollten uns ausführlich mit seinem Auftrag und der Frage auseinandersetzen, was es bedeutet, dass er kam, um sein Volk von ihren Sünden zu erlösen. Wenn wir auf diese Weise über himmlische Dinge nachsinnen, werden unser Glaube und unsere Liebe immer stärker werden, und der Inhalt unserer Gebete wird immer gottgefälliger werden, weil Glaube und Liebe immer deutlicher darin zutage treten. Unser Beten wird durch Leidenschaft und ein Gespür für das Wesentliche gekennzeichnet sein. Unser Vertrauen in Jesus wird immer beständiger werden, und täglich werden wir die lebendige Erfahrung machen, dass er die Macht hat, „vollständig und für immer alle [zu] retten, die sich durch ihn an Gott wenden" (Hebräer 7,25 GNB).

Wenn wir darüber nachsinnen, wie vollkommen unser Erlöser in jeder Hinsicht ist, wird in uns das Verlangen entstehen, völlig verwandelt und nach seinem reinen Ebenbild neu gestaltet zu werden. Unser Herz wird danach hungern und dürsten, so zu werden wie der, den wir verehren und anbeten. Je mehr unsere Gedanken bei Christus verweilen, desto öfter werden wir mit anderen über ihn sprechen und der Welt erzählen, wie er ist.

Die Bibel wurde nicht nur für Gelehrte geschrieben, im Gegenteil, sie richtet sich an ganz gewöhnliche Menschen. Die großen Wahrheiten, die unabdingbar für das Verständnis der Erlösung sind, werden klar und unmissverständlich dargelegt. Man kann sie gar nicht missverstehen, und nur wer sich auf sein eigenes menschliches Urteil verlässt, statt dem deutlich offenbarten Willen Gottes zu folgen, wird hier irregehen.

Wir sollten uns im Hinblick auf die Lehren der Heiligen Schrift nicht auf die Aussagen anderer Menschen verlassen, sondern das Wort Gottes selbst studieren. Wenn wir es zulassen, dass andere für uns das Denken übernehmen, wird unser eigenes Potenzial lahmgelegt, und unsere Kräfte und Fähigkeiten verkümmern. Wenn wir es versäumen, uns regelmäßig in wirklich lohnenswerte Themen zu vertiefen, werden unsere edlen Geisteskräfte möglicherweise so stark verkümmern, dass sie nicht mehr fähig sind, die eigentliche, tiefe Bedeutung des Wortes Gottes zu erfassen. Im Gegensatz dazu wird unser Denkvermögen an Stärke zunehmen, wenn wir unseren Verstand dazu benutzen, die Beziehung unterschiedlicher biblischer Themen zueinander zu erforschen und Schriftstelle mit Schriftstelle sowie Geistliches mit Geistlichem zu vergleichen.

Nichts ist besser geeignet, unsere Verstandeskräfte zu stärken, als das Studium der Heiligen Schrift. Kein anderes Buch vermag in so wirkungsvoller Weise die Gedanken auf höhere Bahnen zu lenken und den Geisteskräften Vitalität und Tatkraft zu verleihen, wie es die umfassenden und erhebenden Wahrheiten der Bibel tun. Wenn die Menschen Gottes Wort in der Weise studieren würden, wie Gott es vorgesehen hat, würden sie eine Auffassungsgabe und Geistesgröße, einen noblen Charakter und eine unerschütterliche Zielstrebigkeit entwickeln, wie man sie heutzutage nur selten zu sehen bekommt.

Ein hastiges Lesen der Heiligen Schrift bringt allerdings nur wenig Nutzen. Jemand mag die Bibel von vorn bis hinten durchlesen und doch versäumen, ihre Schönheit und ihre tiefe, verborgene Bedeutung zu erfassen. Es ist von größerem Wert, einen bestimmten Abschnitt so lange zu studieren, bis einem die Bedeutung wirklich klar ist und man seinen Zusammenhang mit dem Erlösungsplan verstanden hat, als viele Kapitel zu überfliegen, ohne ein konkretes Ziel vor Augen zu haben. Letztlich lernt man beim flüchtigen Lesen kaum etwas. Habe deine Bibel immer mit dabei! Sobald sich eine Gelegenheit ergibt, kannst du darin lesen. Lerne Bibeltexte auswendig. Selbst wenn du unterwegs bist, kannst du einen Abschnitt lesen und darüber nachdenken, sodass er sich deinem Gedächtnis einprägt.

Wir können Weisheit nur erlangen, wenn wir uns einem Gegenstand mit ganzem Ernst zuwenden und ihn unter Gebet studieren. Manche Bibelstellen sind tatsächlich so eindeutig, dass es unmöglich ist, sie falsch zu verstehen, aber es gibt andere, bei denen die Bedeutung nicht auf den ersten Blick erkannt werden kann und man tiefer schürfen muss. Schriftstelle muss mit Schriftstelle verglichen werden. Sorgfältiges Forschen und Nachdenken unter Gebet sind erforderlich. Ein solches Studium wird reich belohnt werden. So wie ein Bergarbeiter Adern von Edelmetallen entdeckt, die unter der Erdoberfläche verborgen liegen, so wird der Bibelleser, der das Wort Gottes mit Ausdauer studiert und wie nach einem verborgenen Schatz durchsucht, Wahrheiten von höchstem Wert entdecken, die dem Blick des oberflächlichen Lesers verborgen bleiben. Die unter Inspiration niedergeschriebenen Worte werden, wenn sie tief im Herzen bewegt werden, wie Ströme sein, die aus der Quelle des Lebens fließen.

Niemals sollte man die Bibel ohne Gebet studieren. Bevor wir ihre Seiten aufschlagen, sollten wir um Erleuchtung durch den Heiligen Geist bitten, und unser Gebet wird erhört werden. Als Nathanael zu Jesus kam, rief der Erlöser aus: „Siehe, wahrhaftig ein Israelit, in dem keine Falschheit ist!" Nathanael fragte: „Woher kennst du mich?", worauf Jesus antwortete: „Ehe dich Philippus rief, als du unter dem Feigenbaum warst, sah ich dich!" (Johannes 1,47.48) Genauso wird Jesus uns an verborgenen Orten des Gebets sehen, wenn wir ihn um Erleuchtung bitten, damit wir die Wahrheit erkennen können. Engel aus der Welt des Lichts werden diejenigen umgeben, die mit Herzensdemut um göttliche Führung bitten.

Der Heilige Geist stellt den Erlöser in den Mittelpunkt und macht seine Herrlichkeit sichtbar. Es ist seine Aufgabe, den Menschen Christus vor Augen zu halten – die Reinheit seiner Gerechtigkeit sowie die wunderbare Erlösung, die er uns anbietet. Jesus sagt über den Heiligen Geist: „Er wird mich verherrlichen, indem er euch alles offenbart, was er von mir empfängt." (Johannes 16,14 NLB) Der Geist der Wahrheit ist der Einzige, der die göttliche Wahrheit in überzeugender Weise lehren kann. Wie groß muss doch Gottes Wertschätzung für uns Menschen sein, dass er seinen eigenen Sohn hingab, damit er für uns starb, und seinen Heiligen Geist damit beauftragt, uns Lehrer und beständiger Ratgeber und Begleiter zu sein!

KAPITEL

11

DAS VORRECHT DES GEBETS

Gott spricht zu uns Menschen – durch die Natur und die Offenbarung seines Wortes, durch die Führung der Umstände und durch seinen Heiligen Geist, der an uns wirkt. Aber das allein genügt nicht. Es ist notwendig, dass auch wir unser Herz vor ihm ausschütten. Damit wir in geistlicher Hinsicht lebendig und voller Kraft sind, brauchen wir unbedingt einen unmittelbaren Umgang mit unserem himmlischen Vater. Unsere Gedanken mögen sich zu ihm hingezogen fühlen, und wir mögen über seine Werke, seine Barmherzigkeit und seine Segnungen nachdenken, aber all das entspricht nicht – im wahrsten Sinn des Wortes – einer Zwiesprache mit Gott. Um ein solch vertrautes Gespräch zu führen, müssen wir ihm die Dinge mitteilen, die konkret unser persönliches Leben betreffen.

Beten bedeutet, Gott unser Herz wie gegenüber einem Freund zu öffnen. Nicht, dass wir Gott über die Dinge, die uns betreffen, informieren müssten, sondern es geht darum, dass wir befähigt werden, ihn zu hören und für seine Botschaften empfänglich zu sein. Das Gebet holt nicht Gott zu uns herab, sondern hebt uns zu ihm hinauf.

Als Jesus auf dieser Erde weilte, lehrte er seine Jünger, wie sie beten sollten. Er wies sie an, ihre täglichen Bedürfnisse vor Gott auszubreiten und ihm alle ihre Sorgen anzuvertrauen. Er versprach ihnen, dass ihre Bitten erhört würden, und diese Zusicherung gilt auch uns.

Jesus selbst betete in der Zeit, als er unter den Menschen lebte, sehr häufig. Unser Erlöser identifizierte sich mit unseren menschlichen Bedürfnissen und Schwächen, indem er ein Bittender wurde – ein Bittsteller, der sich an seinen Vater wandte. Er erbat sich von ihm immer wieder neue Kraft, um für die Pflichten und Anfechtungen, die ihn erwarteten, gewappnet zu sein. Jesus ist in jeder Hinsicht unser Vorbild. In unseren Schwachheiten ist er uns ein Bruder, „der versucht worden ist in allem wie wir". (Hebräer 4,15 LUT) Doch weil er selbst völlig sündlos war, schreckte seine Natur vor allem Bösen zurück. In dieser sündigen Welt musste er Kämpfe erdulden und Seelenqualen erleiden. Das Gebet war für ihn in seiner menschlichen Natur unverzichtbar und ein Vorrecht. In der Zwiesprache mit seinem Vater fand er Trost und Freude. Und wenn der Erlöser der Menschen, der Sohn Gottes, ein solches Bedürfnis zum Beten verspürte, um wie viel mehr sollten schwache, sündhafte und der Sterblichkeit unterworfene Menschen die Notwendigkeit inständigen und anhaltenden Gebets verspüren.

Unser himmlischer Vater wartet nur darauf, seine Segnungen in vollem Maß über uns auszuschütten. Es ist unser Vorrecht, unseren Durst ohne Einschränkung an der Quelle seiner grenzenlosen Liebe zu stillen. Wie unverständlich ist es da, dass wir so wenig beten! Gott ist willens und bereit, das aufrichtige Gebet des Geringsten unter seinen Kindern zu hören, und doch sind wir oft so zögerlich oder zeigen gar offensichtlichen Widerwillen, Gott unsere Bedürfnisse und Nöte mitzuteilen. Was sollen die Engel im Himmel über uns arme, hilflose menschliche Wesen denken, die den Versuchungen ausgesetzt sind und doch so wenig beten und so wenig Glauben beweisen, wo doch Gottes unendlich liebendes Herz sich voller Sehnsucht nach ihnen ausstreckt und ihnen mehr schenken möchte, als sie bitten oder sich überhaupt vorstellen können? (vgl. Epheser 3,20) Die Engel lieben es, vor Gott niederzuknien; sie lieben es, ihm nahe zu sein. Die Gemeinschaft mit ihm betrachten sie als ihre größte Freude. Die irdischen Menschenkinder jedoch, die so sehr der Hilfe bedürfen, die nur Gott geben kann, geben sich offensichtlich damit zufrieden, ohne das Licht seines Heiligen Geistes zu leben und ohne seine Begleitung und Gegenwart auszukommen.

Menschen, die das Gebet vernachlässigen, befinden sich in der Finsternis, mit der der Böse sie umschließt. Sie sind den Einflüsterungen des Feindes ausgesetzt, der sie zur Sünde verleiten will. Der einzige Grund dafür ist, dass sie keinen Gebrauch von dem gottgegebenen Vorrecht machen, sich im Gebet mit Gott zu einem „Gesprächstermin" zu treffen. Wie kann es sein, dass die Söhne und Töchter Gottes nur so zögerlich beten, wo doch das Gebet der Schlüssel in der Hand des Glaubens ist, der den Speicher des Himmels aufschließt, in dem die grenzenlosen Ressourcen der Allmacht aufbewahrt werden? Wenn wir nicht unablässig beten und sorgfältig die Augen offen halten, stehen wir in Gefahr, nachlässig zu werden und vom richtigen Weg abzukommen. Unser Widersacher ist ununterbrochen bemüht, den Weg zum Gnadenthron zu blockieren. Er will verhindern, dass wir durch ernstes Flehen und aufrichtigen Glauben Kraft und Gnade erhalten, damit wir der Versuchung widerstehen können.

Es gibt konkrete Bedingungen, unter denen wir erwarten können, dass Gott unsere Gebete hört und beantwortet. Eine der wichtigsten Voraussetzungen ist, dass wir unsere Bedürftigkeit und Abhängigkeit von seiner Hilfe spüren. Er hat verheißen: „Ich werde Wasser auf Durstige ausschütten und das trockene Land mit Bächen bewässern." (Jesaja 44,3 NLB) Alle, die nach Gerechtigkeit hungern und dürsten und sich nach Gott sehnen, dürfen sicher sein, dass Gott ihr Bedürfnis stillen wird. Das menschliche Herz muss sich dem Einfluss des Heiligen Geistes öffnen, denn nur dann kann uns der Segen Gottes erreichen.

Allein schon unsere große Bedürftigkeit spricht für sich und plädiert äußerst beredt zu unseren Gunsten. Aber dennoch sollen wir uns konkret an Gott wenden, damit er alle diese Dinge für uns tut. „Bittet, so wird euch gegeben", lautet seine Aufforderung. (Matthäus 7,7) Weiter heißt es: „Gott hat nicht einmal seinen eigenen Sohn verschont, sondern hat ihn für uns alle gegeben. Und wenn Gott uns Christus gab, wird er uns mit ihm dann nicht auch alles andere schenken?" (Römer 8,32 NLB)

Wenn wir „Unrechtes in unserem Herzen vorhaben" (Psalm 66,18) oder irgendeine uns bewusste Sünde nicht loslassen wollen, wird uns der Herr nicht erhören. Doch das Gebet eines reumütigen und zerknirschten Herzens nimmt er immer an. Wenn wir jedes uns bekannte Unrecht wiedergutgemacht haben, dürfen wir darauf vertrauen, dass Gott unsere Bitten erhört. Mit unseren eigenen Leistungen können wir uns allerdings niemals die Gunst Gottes erwerben. Es ist allein Jesus in seiner unübertroffenen Exzellenz, der uns erretten kann, und sein Blut, das uns reinigt. Dennoch fällt auch uns eine Aufgabe zu, nämlich die Bedingungen der Annahme bei Gott zu erfüllen.

Ein weiterer Aspekt eines effektiven Gebets ist unser Glaube. „Wer zu Gott kommen möchte, muss glauben, dass Gott existiert und dass er die, die ihn aufrichtig suchen, belohnt." (Hebräer, 11,6 NLB) Jesus sagte seinen Jüngern: „Alles, was ihr auch immer im Gebet erbittet, glaubt, dass ihr es empfangt, so wird es euch zuteil werden!" (Markus 11,24) Nehmen wir Gott hier beim Wort?

Diese Zusicherung ist umfassend und enthält keinerlei Einschränkungen, und der sie gegeben hat, ist absolut zuverlässig. Wenn wir die Dinge, um die wir gebetet haben, nicht umgehend erhalten, sollen wir dennoch weiterhin glauben, dass der Herr uns hört und unsere Gebete beantworten wird. Wir sind so anfällig für den Irrtum und kurzsichtig in unseren Wünschen, dass wir manchmal um Dinge bitten, die für uns kein Segen wären. In seiner Liebe beantwortet unser himmlischer Vater unsere Gebete stets so, dass er uns das gibt, was für uns auf lange Sicht das Beste ist. Und das ist das, was wir uns selbst wünschen würden, wenn wir mit göttlich erleuchteten Augen alle Dinge so sehen könnten, wie sie in Wirklichkeit sind. Wenn es scheint, dass unsere Gebete nicht erhört werden, sollen wir uns an die Verheißung klammern, denn der Zeitpunkt der Erhörung wird mit Sicherheit kommen, und wir werden den Segen empfangen, den wir am meisten brauchen. Andererseits zu erwarten, dass ein Gebet immer auf genau die Art und Weise beantwortet wird, wie wir es uns wünschen, und wir genau das erhalten, wonach wir verlangen, wäre Anmaßung. Gott in seiner Weisheit macht keine Fehler, und er ist zu gütig, um denen, die rechtschaffen leben, irgendetwas vorzuenthalten, was gut für sie wäre. Du brauchst also keine Angst zu haben, ihm vorbehaltlos zu vertrauen, auch wenn du die Antwort auf deine Gebete nicht sofort sehen kannst. Verlass dich auf seine feste Zusage: „Bittet, so wird euch gegeben.“ **(Matthäus 7,7)**

Wenn wir auf unsere Zweifel und Ängste hören oder alle Unklarheiten zu beseitigen versuchen, ohne den Glauben mit einzubeziehen, werden Ratlosigkeit und Verwirrung nur umso größer und ernster werden. Aber wenn wir zu Gott kommen – in all unserer Hilflosigkeit und Abhängigkeit, in der wir uns tatsächlich befinden – und in demütigem, vertrauensvollen Glauben unsere Wünsche dem vorlegen, dessen Allwissenheit unendlich ist, dessen Augen nichts in seiner ganzen Schöpfung entgeht und der alles durch seinen Willen und sein Wort lenkt und regiert, dann kann und wird er auf unser Rufen hören und unser Herz mit seinem Licht erleuchten. Das aufrichtige Gebet verbindet uns mit den Gedanken des Unendlichen. Vielleicht weist in diesem Moment nichts Außergewöhnliches darauf hin, dass sich das Angesicht unseres Erretters voller Mitgefühl und Liebe über uns beugt – und dennoch ist es so. Auch wenn wir seine Berührung nicht spürbar wahrnehmen, ruht doch seine Hand in Liebe und zärtlichem Mitgefühl auf uns.

Wenn wir zu Gott kommen und ihn um Barmherzigkeit und Segen bitten, sollte auch in unserem eigenen Herzen eine Geisteshaltung der Liebe und Vergebungsbereitschaft herrschen. Wie können wir bitten, „Vergib uns unsere Schuld, wie auch wir vergeben unsern Schuldigern" (Matthäus 6,12 LUT), und gleichzeitig eine nachtragende, unversöhnliche Haltung im Herzen hegen? Wenn wir erwarten, dass unsere eigenen Gebete erhört werden, müssen wir anderen Menschen in gleicher Weise und in demselben Umfang vergeben, wie wir selbst Vergebung erhoffen.

Eine weitere Bedingung für die Erhörung unserer Bitten ist, dass wir im Gebet Ausdauer zeigen. Wenn wir im Glauben und in unserer Erfahrung wachsen wollen, müssen wir „ohne Unterlass" beten. Paulus formuliert, wir sollen „beharrlich im Gebet" sein bzw.: „Lasst nicht nach im Beten, werdet nicht müde darin und tut es immer mit Dank!" (Römer 12,12; Kolosser 4,2 GNB) Außerdem ermutigt er uns: „Sorgt euch um nichts, sondern in allem lasst durch Gebet und Flehen mit Danksagung eure Anliegen vor Gott kundwerden." (Philipper 4,6) Petrus ermahnt die Gläubigen: „Seid wachsam und nüchtern, werdet nicht müde zu beten." (1. Petrus 4,7 HFA) Und Judas schreibt: „Ihr aber, Geliebte … betet im Heiligen Geist und bewahrt euch selbst in der Liebe Gottes." (Judas 20.21) Das beständige Gebet ermöglicht die ununterbrochene Gemeinschaft der Seele mit Gott. Auf diese Weise fließt das Leben von Gott in unser Leben hinein; und umgekehrt werden aus unserem Leben Heiligkeit und Reinheit zurück zu Gott fließen.

Wir müssen das Gebet mit allem Fleiß und Eifer pflegen. Lass nicht zu, dass dich irgendetwas vom Beten abhält. Wir sollten uns nach Kräften bemühen, das Zwiegespräch zwischen Jesus und uns nie abbrechen zu lassen. Nutze jede Gelegenheit, dabei zu sein, wo immer das Gebet regelmäßig gepflegt wird. Wer wirklich nach Gemeinschaft mit Gott strebt, wird in den Gebetsversammlungen zu finden sein. Er wird sich bemühen, treu seine Pflicht zu tun, und wird sich mit Ernst und Eifer nach all den Segnungen ausstrecken, die ihm angeboten werden. Er wird keine Gelegenheit versäumen, überall dort zu sein, wo er Lichtstrahlen vom Himmel empfangen kann.

Wir sollten auch das Gebet im Familienkreis pflegen. Am wichtigsten jedoch ist, dass wir das persönliche Gebet im „stillen Kämmerlein“ nicht vernachlässigen, denn es ist das Lebenselixier unserer Seele. Unser geistliches Leben kann unmöglich blühen und gedeihen, wenn wir das Gebet vernachlässigen. Es reicht nicht aus, nur in der Familie oder in der Öffentlichkeit zu beten. Öffne dein Herz ganz im Verborgenen dem prüfenden Blick Gottes. Dieses Gebet in der Zurückgezogenheit ist nur für die Ohren Gottes bestimmt, der unser Beten hört. Die neugierigen Ohren anderer dürfen nicht in die Bürde solch persönlicher Bitten eingeweiht werden. Wenn wir uns so zum persönlichen Gebet zurückziehen, verschwindet jede Anspannung, und die Seele ist unbelastet von Einflüssen aus der Umgebung. Unaufgeregt und doch voller Leidenschaft kann sich unser Inneres nach Gott ausstrecken. Der von ihm ausgehende liebliche Segen wird sich über uns ergießen und auf uns bleiben, denn Gott sieht in das Verborgene, und seine Ohren sind offen für das Gebet, das aus tiefstem Herzen aufsteigt. In ruhiger Gelassenheit und schlichtem Glauben pflegt die Seele Gemeinschaft mit Gott und nimmt die Strahlen des göttlichen Lichts in sich auf, die uns in der Auseinandersetzung mit Satan stärken und erhalten. Gott ist unser Fels in der Brandung.

Bete in deinem „Kämmerlein”, und wenn du deinen Alltagsgeschäften nachgehst, dann lass die Gedanken deines Herzens immer wieder zu Gott emporsteigen. Genauso wandelte Henoch mit Gott. Diese stillen Gebete steigen wie kostbarer Weihrauch zum Thron der Gnade auf. Wer auf diese Weise mit seinem Herzen ständig in Verbindung mit Gott bleibt, kann von Satan nicht überwunden werden.

Es gibt keinen Zeitpunkt und keinen Ort, an dem es unangemessen wäre, eine Bitte hinauf zu Gott zu senden. Nichts kann uns davon abhalten, unsere Gedanken auf Gott zu richten und ein ernstes Gebet zu sprechen. Mitten in einer Menschenmenge auf der Straße oder inmitten einer geschäftlichen Angelegenheit können wir Gott eine Bitte vorlegen und seine göttliche Führung erbitten, so wie Nehemia es tat, als er mit seinem Anliegen vor König Artaxerxes trat. Wo immer wir auch sind, können wir einen inneren Rückzugsort der Gemeinschaft mit Gott finden. Wir sollten die Tür des Herzens ständig geöffnet halten – als eine Einladung an Jesus, dass er kommen und als himmlischer Gast in unserem Herzen verweilen möge.

Es mag sein, dass wir uns inmitten einer verpesteten, verdorbenen Atmosphäre befinden, aber wir sind nicht gezwungen, diesen Gifthauch einzuatmen, sondern dürfen uns mit der reinen, himmlischen Luft umgeben. Wenn wir uns durch aufrichtiges Beten innerlich erheben und in die Gegenwart Gottes begeben, können wir die Einfallstore verschließen, durch die unreine Fantasien und unheilige Gedanken eindringen. Wer sein Herz dem Segen Gottes und seiner Unterstützung öffnet, wird in einer heiligeren als nur der irdischen Atmosphäre leben und in ständiger Verbindung mit dem Himmel stehen.

Wir brauchen eine klarere Vorstellung von Jesus und ein tieferes Verständnis für den hohen Wert und die Realität der himmlischen Welt und des ewigen Lebens. Die Herzen der Kinder Gottes müssen von der Schönheit der Heiligkeit erfüllt sein. Damit wir dieses Ziel erreichen, sollten wir danach streben, dass uns Gott die himmlischen Dinge enthüllt.

Erlaube Gott, dein Herz von dir selbst weg nach oben zu ziehen, damit er dir einen Hauch der himmlischen Atmosphäre vermitteln kann. Unsere Verbindung zu Gott kann so eng sein, dass sich unsere Gedanken bei jeder unerwarteten Schwierigkeit so natürlich auf ihn richten, wie sich eine Blume der Sonne zuwendet.

Lass Gott Anteil an allem haben, was dich bewegt: an deinen Wünschen und Freuden, deinem Kummer und deinen Sorgen und Ängsten. Du lädst ihm damit keine Last auf, und er wird dessen auch nie überdrüssig werden. Er, der die Haare auf deinem Haupt gezählt hat, steht den Bedürfnissen seiner Kinder niemals gleichgültig gegenüber. „Der Herr ist voller Mitleid und zärtlichem Erbarmen." (Jakobus 5,11) Sein liebevolles Herz ist beim Anblick unseres Kummers berührt, und erst recht, wenn wir ihm unsere Sorgen vortragen. Komm mit allem, was dein Denken verwirrt und belastet, zu ihm. Nichts ist zu groß, als dass er es nicht tragen könnte, denn er hält Welten in seiner Hand und hat alle Angelegenheiten des Universums unter seiner Kontrolle. Nichts, was unseren Frieden auch nur ansatzweise stört, ist zu geringfügig für ihn, als dass es seiner Aufmerksamkeit entginge. Es gibt kein Kapitel in unserem Leben, das er nicht lesen könnte, weil es zu dunkel ist. Und es gibt keine Schwierigkeit, die so kompliziert wäre, dass er sie nicht lösen könnte. Kein Unglück kann dem Geringsten seiner Kinder zustoßen, keine Angst ihr Herz quälen, keine Freude sie erheitern, kein aufrichtiges Gebet über ihre Lippen kommen, das unser himmlischer Vater nicht wahrnehmen und dem er sich nicht augenblicklich voller Interesse zuwenden würde. „Er heilt, die zerbrochenen Herzens sind, und verbindet ihre Wunden." (Psalm 147,3) Die Beziehung zwischen Gott und einem jeden Menschen ist so individuell und so tief, als ob es auf der ganzen Erde keinen weiteren Menschen gäbe, um den er sich auch noch kümmern müsste – als wäre dieser die einzige Seele, für die er seinen geliebten Sohn dahingab.

Jesus sagte: „Ihr werdet in meinem Namen bitten, und ich sage euch nicht, dass ich den Vater für euch bitten will; denn er selbst, der Vater, hat euch lieb." „Ich habe euch erwählt … damit der Vater euch gibt, was auch immer ihr ihn bitten werdet in meinem Namen." (Johannes 16,26.27; 15,16) Im Namen Jesu zu beten bedeutet allerdings mehr, als nur am Anfang oder Ende des Gebets seinen Namen formelhaft zu erwähnen. Es bedeutet, die Denkweise Jesu zu übernehmen und in seinem Geist zu beten, seinen Verheißungen zu glauben, sich auf seine Gnade zu verlassen und die Werke zu tun, die er tat.

Es entspricht nicht Gottes Vorstellung, dass irgendjemand von uns zum Einsiedler oder Mönch werden und sich aus der Welt zurückziehen sollte, um sich nur noch gottesdienstlichen Übungen zu widmen. Unser Leben muss wie das Leben Christi sein, zu dem die Zurückgezogenheit in den Bergen ebenso gehörte wie die Menschenmenge, unter die er sich mischte. Wer nichts anderes tut, als zu beten, wird das Beten bald einstellen, oder seine Gebete werden zu einer rein äußerlichen Routine. Wenn Menschen sich vom Leben in der Gesellschaft zurückziehen und sich somit dem Wirkungskreis entziehen, in dem sie ihre christliche Pflicht erfüllen und ihr Kreuz tragen sollten, und wenn sie aufhören, mit Hingabe für den Meister zu arbeiten, der sich selbst so voller Hingabe für sie einsetzte, dann entfällt damit der entscheidende Inhalt und Zweck des Gebets und sie verspüren keinerlei Motivation zur Andacht mehr. Ihre Gebete werden ichbezogen und selbstsüchtig. Sie sind unfähig, sich im Gebet für die Bedürfnisse der Menschheit oder den Aufbau des Reiches Christi einzusetzen. Die Notwendigkeit, im Gebet um die Kraft zu ringen, die sie für ihre Arbeit brauchen, ist nicht mehr gegeben.

Es ist ein Privileg, mit anderen Gemeinschaft zu haben, damit wir uns gegenseitig im Dienst für Gott stärken und ermutigen können. Wir fügen uns selbst Schaden zu, wenn wir dieses Vorrecht vernachlässigen. Unser Denken verändert sich, sodass uns die Deutlichkeit und Eindringlichkeit der Wahrheiten seines Wortes verlorengehen. Uns entgeht ihr heiligender Einfluss mit seiner erleuchtenden und wachrüttelnden Wirkung auf unser Herz, und unser geistliches Leben verkümmert. Es geht uns vieles dadurch verloren, dass uns in unserem Umgang mit anderen Gläubigen gegenseitige Anteilnahme und Mitgefühl fehlen. Wer sich zurückzieht und seinen Mitmenschen gegenüber verschließt, entzieht sich damit der Aufgabe, die Gott ihm zugewiesen hat. Wenn wir die soziale Dimension unserer menschlichen Natur in richtiger Weise pflegen, werden wir Mitgefühl und Empathie für andere entwickeln. Dies bewirkt, dass wir uns in unserem Dienst für Gott weiterentwickeln und an Stärke zunehmen.

Wenn die Gläubigen zusammenkämen, um sich über die Liebe Gottes und die wunderbaren Wahrheiten, die mit der Erlösung zu tun haben, auszutauschen, würden sie sich gegenseitig stärken, und auch ihr eigenes Herz würde neu belebt. Wir können von unserem himmlischen Vater täglich neue Erkenntnisse hinzugewinnen und lebendige Erfahrungen seiner Gnade machen. Das wird in uns den Wunsch wecken, über seine Liebe zu sprechen. Und wenn wir dies tun, wirkt sich dies positiv auf uns selbst aus, und wir werden ermutigt. Wenn wir uns in Gedanken mehr mit Jesus beschäftigen und über ihn sprechen würden – und weniger über uns selbst –, dann würden wir seine Gegenwart viel stärker erfahren.

Wenn wir nur so oft an Gott denken würden, wie wir die Beweise seiner Fürsorge für uns erleben, würden wir uns gedanklich ununterbrochen mit ihm beschäftigen. Wir würden voller Begeisterung von ihm sprechen und ihn rühmen und preisen. Wir reden über alltägliche Dinge, weil sie uns interessieren. Wir sprechen von unseren Freunden, weil sie uns am Herzen liegen und wir uns in Freud und Leid mit ihnen verbunden fühlen. Dabei hätten wir unendlich viel mehr Grund, Gott zu lieben als unsere irdischen Freunde, und es sollte für uns die natürlichste Sache der Welt sein, ihm in all unseren Gedanken die erste Stelle einzuräumen, von seiner Herzensgüte zu sprechen und anderen von seiner Macht zu erzählen. Es war nicht Gottes Absicht, dass die großzügigen Gaben, die er uns verliehen hat, unsere Aufmerksamkeit und Liebe so sehr fesseln, dass wir dabei vergessen, Gott etwas zurückzugeben. Vielmehr sollen uns seine Segnungen beständig an ihn erinnern und unsere Verbindung zu unserem himmlischen Wohltäter durch die Bande der Liebe und Dankbarkeit umso enger werden lassen. Wir sind zu stark in den Niederungen der Erde verwurzelt. Lasst uns vielmehr unsere Augen zur offenen Tür des Heiligtums im Himmel erheben, wo das Licht der Herrlichkeit Gottes das Angesicht Christi erleuchtet, der „vollständig und für immer alle retten kann, die sich durch ihn an Gott wenden" (Hebräer 7,25 GNB).

Wir müssen Gott mehr loben und preisen – „für seine Güte und für seine Wunder, die er an den Menschenkindern tut" (Psalm 107,8). Der Inhalt unserer Andachten sollte sich nicht ausschließlich auf Bitten und Empfangen beschränken. Lasst uns nicht immer nur an unsere Bedürfnisse denken und dabei die vielen Wohltaten, die wir empfangen, überhaupt nicht erwähnen. Es geht nicht darum, dass wir zu viel erbitten, sondern darum, dass wir zu wenig danken. Unaufhörlich fließen uns die gnädigen Gaben Gottes zu, doch wie wenig Dankbarkeit bringen wir zum Ausdruck, wie selten loben und preisen wir ihn für all das, was er für uns getan hat.

Zur Zeit des alten Israel gebot Gott dem Volk, wenn es sich zum Gottesdienst versammelte: „Ihr sollt dort vor dem Herrn, eurem Gott, das Opfermahl halten. Feiert es zusammen mit euren Familien und genießt voll Freude, was eure Arbeit euch durch Gottes Segen eingebracht hat." (5. Mose 12,7 GNB) Was zur Ehre Gottes getan wird, sollte von Freude und Fröhlichkeit geprägt sein und mit Lob- und Dankliedern zum Ausdruck gebracht werden. Traurigkeit und Trübsinn sind hier fehl am Platz.

Unser Gott ist ein zärtlich liebender, barmherziger Vater. Wir sollten den Dienst für ihn nicht als eine trübsinnige, bedrückende Übung ansehen. Es sollte vielmehr ein Vergnügen sein, Gott anzubeten und an seinem Werk teilzuhaben. Gott möchte nicht, dass seine Kinder, für die eine so wunderbare Erlösung erwirkt wurde, sich so verhalten, als sei er ein harter, fordernder Zuchtmeister. Er ist ihr bester Freund, und wenn sie ihn anbeten, möchte er unter ihnen sein, um ihnen Segen und Trost zu schenken und ihre Herzen mit Freude und Liebe zu erfüllen. Es ist Gottes Wunsch, dass seine Kinder im Dienst für ihn Trost und Mut schöpfen und in seiner Arbeit mehr Freude und Vergnügen als Mühseligkeit erleben. Er möchte so gern, dass diejenigen, die zu seiner Anbetung zusammenkommen, wunderbare Gedanken über seine Fürsorge und Liebe mit nach Hause nehmen, dass Ermutigung und Freude sie in all ihren alltäglichen Beschäftigungen begleiten und sie mithilfe seiner Gnade in allen Angelegenheiten ehrlich und treu handeln können.

Wir müssen uns um das Kreuz versammeln. Christus und seine Tat am Kreuz sollten der Gegenstand tiefen Nachdenkens sowie unserer Gespräche und freudigsten Gefühle sein. Jede von Gott empfangene Segnung sollte uns in Gedanken gegenwärtig bleiben. Und wenn uns bewusst wird, wie groß seine Liebe ist, sollten wir bereit sein, diesen Händen, die für uns ans Kreuz genagelt wurden, alles vertrauensvoll zu übergeben.

Unser Lobpreis beflügelt die Seele und bringt uns dem Himmel näher. Dort oben in den himmlischen Höfen wird Gott mit Gesang und Musik angebetet. Indem wir unsere Dankbarkeit zum Ausdruck bringen, kommt unsere Anbetung jener der himmlischen Heerscharen immer näher. „Wer mir Dank sagt, bringt mir ein Opfer, das mich wirklich ehrt", heißt es in Psalm 50,23. Lasst uns deshalb mit ehrfürchtiger Freude vor unseren Schöpfer treten und ihm „Danklied und Lobgesang" (Jesaja 51,3) darbringen.

KAPITEL

12

WENN ZWEIFEL AUFKOMMEN

Viele Menschen – besonders wenn sie in ihrem christlichen Glauben noch wenig Erfahrung haben – erleben Zeiten, in denen sie von Zweifeln geplagt werden. Es gibt in der Bibel vieles, was sie nicht verstehen und erst recht nicht erklären können, und Satan bedient sich dann dieser Dinge, um ihren Glauben an die Heilige Schrift als Offenbarung von Gott zu erschüttern. Sie fragen sich: „Wie kann ich wissen, was richtig ist? Wenn die Bibel wirklich Gottes Wort ist, wie kann ich dann von diesen Zweifeln und verwirrenden Fragen frei werden?"

Gott erwartet niemals von uns zu glauben, ohne dass er uns ausreichend Anhaltspunkte gibt, auf die wir unseren Glauben gründen können. Die Gewissheit über Gottes Existenz, die Kenntnis von seinem Wesen und die Zuverlässigkeit seines Wortes beruhen auf Beweisen, die unseren Verstand ansprechen und in Hülle und Fülle vorhanden sind. Und doch hat Gott die Möglichkeit des Zweifelns nie vollständig ausgeräumt. Unser Glaube muss sich auf die von Gott gegebenen Zeugnisse stützen und nicht auf eine über jeden Zweifel erhabene Beweisführung. Wer zweifeln möchte, wird dazu immer Gelegenheit haben, doch wer von ganzem Herzen die Wahrheit erkennen möchte, wird genügend Belege finden, auf die er seinen Glauben stützen kann.

Es ist unserem begrenzten Verstand nicht möglich, das Wesen oder die Handlungsweisen des unendlichen Gottes in vollem Umfang zu begreifen. Selbst für den scharfsinnigsten Verstand und gelehrtesten Denker wird die heilige Gottheit immer hinter dem Schleier des Geheimnisvollen verhüllt bleiben. „Kannst du die Tiefe Gottes ergründen oder zur Vollkommenheit des Allmächtigen gelangen? Sie ist himmelhoch – was willst du tun? Tiefer als das Totenreich – was kannst du wissen?“ (Hiob 11,7.8)

Und der Apostel Paulus ruft aus: „O welche Tiefe des Reichtums sowohl der Weisheit als auch der Erkenntnis Gottes! Wie unergründlich sind seine Gerichte, und wie unausforschlich seine Wege!“ (Römer 11,33) Doch wenn auch „Gewölk und Dunkel um ihn her“ sind, so sind doch „Gerechtigkeit und Recht die Grundfeste seines Thrones.“ (Psalm 97,2) Auf jeden Fall können wir so viel von seinem Handeln an uns Menschen und von den Beweggründen, die ihn antreiben, begreifen, dass wir uns ein Bild von seiner grenzenlosen Liebe und Barmherzigkeit, gepaart mit unendlicher Macht, machen können. Wir können so viel von seinen Absichten und Plänen verstehen, wie es zu unserem Besten dient. Darüber hinaus können wir nicht anders, als der Hand des Allmächtigen und seinem von Liebe erfüllten Herzen zu vertrauen.

Das Wort Gottes spricht über Geheimnisse, die sterbliche Menschen in ihrer Begrenztheit niemals völlig enträtseln können – genauso wie wir auch das Wesen des göttlichen Autors nicht vollständig erfassen können. Das Eindringen der Sünde in diese Welt, die Menschwerdung Christi, die Wiedergeburt, die Auferstehung und viele andere in der Bibel behandelte Themen sind Geheimnisse, die zu tiefgründig sind, als dass der menschliche Verstand sie vollständig erfassen, geschweige denn erklären könnte. Aber obwohl wir die Geheimnisse seines göttlichen Handelns nicht bis in alle Details verstehen können, haben wir keinen Grund, Gottes Wort anzuzweifeln. Auch in der Welt der Natur sind wir überall von Geheimnissen umgeben, die wir nicht ergründen können. Selbst die primitivsten Lebensformen werfen Fragen auf, vor denen selbst die klügsten Philosophen kapitulieren müssen. Überall finden wir Wunder, die über unseren Horizont hinausgehen. Sollte es uns da überraschen, wenn wir feststellen, dass es auch im geistlichen Bereich Geheimnisse gibt, die unser Fassungsvermögen übersteigen? Die Schwierigkeit liegt einzig und allein in der Schwachheit und Begrenztheit des menschlichen Verstandes. Gott hat uns in der Heiligen Schrift genügend Hinweise für ihren göttlichen Ursprung gegeben, und wir brauchen sein Wort nicht anzuzweifeln, nur weil wir nicht all die Geheimisse seiner göttlichen Fügung und Handlungsweise verstehen können.

Der Apostel Petrus stellt fest, dass es in der Bibel manches gibt, was „schwer zu verstehen ist, was die Unwissenden und Ungefestigten verdrehen ... zu ihrem eigenen Verderben" (2. Petrus 3,16). Schwierige Passagen in der Heiligen Schrift sind von Kritikern oft als Argument gegen die Bibel ins Feld geführt worden, doch sie sind ganz im Gegenteil ein starker Beweis gerade für ihre göttliche Inspiration. Würde die Bibel nur Berichte über Gott enthalten, die leicht verständlich sind, und wären Gottes Größe und Majestät vom begrenzten menschlichen Verstand ohne Einschränkung zu erfassen, würde der Bibel das unverkennbare Siegel göttlicher Autorität fehlen. Gerade die Dimension des Majestätischen und Geheimnisvollen in den biblischen Themen sollten unseren Glauben an die Göttlichkeit seines Wortes bestärken.

Die Art und Weise, wie die Bibel die Wahrheit in einer verblüffenden Unkompliziertheit darstellt und zur gleichen Zeit perfekt auf die Bedürfnisse und Sehnsüchte des menschlichen Herzens abgestimmt ist, hat die gebildetsten Denker erstaunt und fasziniert. Selbst den einfachsten und ungebildetsten Menschen wird es möglich gemacht, darin den Weg der Erlösung zu erkennen. Und doch beinhalten diese leichtverständlichen Wahrheiten Themen, die so erhaben und so weitreichend in ihrer Konsequenz sind und so unendlich weit über das menschliche Fassungsvermögen hinausgehen, dass wir sie nur annehmen können, weil Gott sie uns verkündet hat. Auf diese Weise wird der Erlösungsplan vor uns ausgebreitet, sodass jeder erkennen kann, welche Schritte er unternehmen muss, um auf dem von Gott vorgesehenen Weg Errettung zu erlangen – nämlich in Reue zu Gott zu kommen und an unseren Herrn Jesus Christus zu glauben. Aber unter der Oberfläche dieser so leichtverständlichen Wahrheiten liegen Geheimnisse, hinter denen sich seine Herrlichkeit verbirgt – Geheimnisse, die den Forschenden an seine intellektuellen Grenzen stoßen lassen, aber gleichzeitig den aufrichtig nach Wahrheit Suchenden mit Ehrfurcht und Glauben erfüllen. Je mehr er die Bibel studiert, desto tiefer wird seine Überzeugung, dass er das Wort des lebendigen Gottes vor sich hat, und die menschliche Vernunft beugt sich vor der Majestät der göttlichen Offenbarung.

Wenn man zugibt, dass wir die großen Wahrheiten der Bibel nicht völlig begreifen können, bedeutet das nichts anderes als anzuerkennen, dass der Mensch mit seinem begrenzten Verstand unfähig ist, das Unendliche zu erfassen. Mit seinem limitierten menschlichen Wissen kann er die Absichten und Ziele des Allwissenden einfach nicht verstehen.

Weil die Zweifler und Ungläubigen nicht alle Geheimnisse der Bibel ergründen können, verwerfen sie das Wort Gottes. An diesem Punkt stehen teilweise sogar Menschen in Gefahr, die sich als bibelgläubig bezeichnen würden. Der Apostel Paulus schreibt: „Habt acht, ihr Brüder, dass nicht in einem von euch ein böses, ungläubiges Herz sei, das im Begriff ist, von dem lebendigen Gott abzufallen!“ (Hebräer 3,12) Man tut gut daran, die Lehren der Bibel so gründlich wie möglich zu studieren und die „Tiefen Gottes“ (1. Korinther 2,10) zu erforschen, soweit sie in der Schrift offenbart wurden. Während das, „was verborgen ist ... bei dem Herrn, unserem Gott, steht“, gilt für den Gläubigen: „Was aber geoffenbart ist, das ist ...

für uns und unsere Kinder bestimmt.“ (5. Mose 29,29) Aber es ist Satans Ziel, den Forscherdrang des menschlichen Geistes auf Abwege zu lenken. Er bringt einen gewissen Stolz ins Spiel, wenn Menschen die biblischen Wahrheiten untersuchen, sodass die Studierenden ungehalten werden oder sich als Verlierer fühlen, wenn sie nicht jeden Abschnitt der Bibel zu ihrer Zufriedenheit erklären können. Sie empfinden es als zu demütigend, zugeben zu müssen, dass sie an irgendeiner Stelle die inspirierten Worte nicht verstehen können. Sie sind nicht bereit, geduldig zu warten, bis Gott den Zeitpunkt für gekommen hält, ihnen die Wahrheit zu offenbaren. Sie bilden sich ein, in ihrer menschlichen Weisheit auch ohne Hilfe von außen ausreichend kompetent zu sein, die Heilige Schrift zu verstehen. Wenn sie dann feststellen, dass ihnen das nicht gelingt, verwerfen sie die Autorität der Bibel mehr oder weniger. Es gibt zwar viele Theorien und Lehrmeinungen, die gemeinhin als biblisch fundiert angesehen werden, aber in Wirklichkeit haben sie keine Grundlage in den Lehren der Bibel, sondern stehen dem Grundtenor des inspirierten Wortes entgegen. Für viele ist dies ein Anlass für Zweifel und Verwirrung gewesen. Diese Probleme darf man jedoch nicht dem Wort Gottes zur Last legen, sondern sie sind allein der Tatsache geschuldet, dass Menschen dieses Wort verdrehen.

Wäre es möglich, dass geschaffene Wesen an einen Punkt gelangen könnten, an dem sie Gott und sein Handeln ohne Einschränkung vollständig erfassten, gäbe es für sie ab diesem Moment keine Wahrheiten mehr zu entdecken, kein Wachstum in der Erkenntnis, keine Weiterentwicklung der Verstandeskräfte oder der inneren Werte. Gott würde nicht länger als der Absolute über allem stehen. Und der Mensch würde, nachdem er auf dem höchsten Stand der Erkenntnis und alles Erreichbarem angelangt ist, keine weiteren Fortschritte mehr machen. Wir sollten Gott danken, dass es nicht so ist. Gott ist der Unendliche und Grenzenlose. In ihm sind „alle Schätze der Weisheit und der Erkenntnis verborgen.“

(Kolosser 2,3) In alle Ewigkeit werden die Menschen die Möglichkeit haben, immer weiter zu forschen und zu lernen und dabei doch nie an den Punkt kommen, wo sie die Schätze der Weisheit, Güte und Macht Gottes erschöpfend ausgelotet haben.

Gottes Absicht ist, dass die Erkenntnis über die Wahrheiten seines Wortes unter seinen Nachfolgern schon in diesem irdischen Leben ständig zunimmt. Es gibt nur einen Weg, auf dem diese Erkenntnis erlangt werden kann. Zu einem richtigen Verständnis des Wortes Gottes können wir nur mithilfe der Erleuchtung durch denselben Geist kommen, der dieses Wort Gottes auch ursprünglich inspiriert hat. „Niemand kann Gottes Gedanken erkennen, außer der Geist Gottes." „Sein Geist weiß alles und schenkt uns einen Blick selbst in die tiefsten Geheimnisse Gottes." (1. Korinther 2,11.10 NLB) Der Erlöser gab seinen Nachfolgern die Verheißung: „Wenn aber jener kommt, der Geist der Wahrheit, so wird er euch in die ganze Wahrheit leiten ... Denn von dem Meinen wird er nehmen und euch verkündigen." (Johannes 16,13.14)

Gott möchte, dass der Mensch seine Verstandeskräfte einsetzt. Und kein Studium ist in der Lage, den Verstand so zu stärken und das Denken auf eine höhere Ebene zu heben wie das Studium der Bibel. Allerdings sollten wir auf der Hut sein, dass wir nicht die Vernunft zum Gott erheben, denn auch sie ist der menschlichen Schwäche und Unzulänglichkeit unterworfen. Wir benötigen kindlichen Glauben und müssen an die Heilige Schrift mit der Unkompliziertheit eines kleinen Kindes herangehen, das heißt, lernwillig sein und immer die Hilfe des Heiligen Geistes erflehen. Wenn nicht, stehen wir in Gefahr, dass unser Verständnis so getrübt ist, dass wir selbst die einfachsten Wahrheiten nicht begreifen können. Das Bewusstsein um die Macht und Weisheit Gottes und das gleichzeitige Eingeständnis unserer Unfähigkeit, seine Größe zu begreifen, sollten uns mit Demut erfüllen. Wir werden dann sein Wort mit heiliger Ehrfurcht öffnen, als ob wir in seine unmittelbare Gegenwart treten würden. Wenn wir uns mit der Bibel befassen, muss uns bewusst sein, dass über unserem Intellekt eine höhere, uns weit überlegene Autorität steht. Herz und Verstand müssen sich vor diesem großen ICH BIN beugen.

Es gibt viele Dinge, die auf den ersten Blick schwierig oder unklar erscheinen, doch Gott wird sie denen klar und verständlich machen, die sich auf diese Weise um ein Verständnis dieser Punkte bemühen. Aber ohne die Anleitung des Heiligen Geistes werden wir immer Gefahr laufen, die Heilige Schrift zu verdrehen oder falsch zu interpretieren. Oftmals wird die Bibel gelesen, ohne dass es einen Nutzen bringt, was – wie in vielen Fällen geschehen – dem Leser sogar regelrecht schaden kann. Wenn das Wort Gottes ohne Ehrfurcht und ohne Gebet geöffnet wird, wenn die Gedanken und Gefühle nicht auf Gott gerichtet sind oder sich nicht im Einklang mit seinem Willen befinden, dann wird das Denken von Zweifeln verdunkelt. So bewirkt das Bibelstudium lediglich, dass die skeptische Geisteshaltung noch verstärkt wird. Der Widersacher beherrscht die Gedanken und suggeriert Interpretationen, die nicht korrekt sind. Immer wenn Menschen nicht das Bestreben haben, in Wort und Tat ganz mit Gott übereinzustimmen, stehen sie in Gefahr, in ihrer Auslegung der Schrift in die Irre zu gehen, egal wie gebildet sie auch sein mögen. Es ist dann nicht ungefährlich, sich auf ihre Deutungen zu verlassen. Wer die Heilige Schrift aufschlägt, um dort nach Unstimmigkeiten zu suchen, dem fehlt das geistliche Urteilsvermögen. Ihr verzerrter Blickwinkel lässt sie überall Dinge sehen, die ihnen Anlass zu Zweifel und Unglauben bieten, obwohl sie in Wirklichkeit einfach und klar verständlich sind.

Obwohl gern andere Gründe vorgeschoben werden, ist die wahre Ursache für Zweifel und Skepsis in den meisten Fällen etwas ganz anderes – nämlich die Liebe zur Sünde. Dem stolzen, der Sünde zugeneigten Herzen sind die Lehren und Einschränkungen des Wortes Gottes ein Dorn im Auge, und wer nicht willens ist, dessen Forderungen zu gehorchen, ist nur allzu bereit, die Autorität des Wortes in Zweifel zu ziehen. Um die Wahrheit zu finden, müssen wir von dem ernsten Wunsch beseelt sein, sie zu erkennen und ihr dann auch von ganzem Herzen bereitwillig zu gehorchen. Wer in einer solchen Gesinnung das Studium der Bibel aufnimmt, wird reichliche Beweise dafür finden, dass sie Gottes Wort ist. Und er wird zu einem Verständnis der biblischen Wahrheiten gelangen, die ihm den Weg zur Erlösung weisen.

Christus sagte: „Wenn jemand seinen Willen tun will, wird er erkennen, ob diese Lehre von Gott ist." (Johannes 7,17) Anstatt dein Augenmerk auf Dinge zu richten, die dir unverständlich sind, und sie zu bekritteln und in Frage zu stellen, solltest du bereits erhaltene Erkenntnisse beherzigen. Dann wirst du noch größeres Licht empfangen. Setze jede Erkenntnis, die du gewonnen hast, mithilfe der Gnade Christi in die Tat um, und du wirst irgendwann auch die Dinge, die bei dir jetzt noch Zweifel auslösen, verstehen und umsetzen können.

Es gibt eine Beweisführung, die jedem Menschen – vom gebildetsten bis zum unwissendsten – offen steht, und das ist das Zeugnis der eigenen Erfahrung. Gott lädt uns ein, die praktische Anwendbarkeit seines Wortes und die Verlässlichkeit seiner Verheißungen selbst auf die Probe zu stellen. Er fordert uns auf: „Schmeckt und seht, wie freundlich der Herr ist." (Psalm 34,9) Anstatt uns vom Urteil anderer abhängig zu machen, sollen wir unsere eigenen Erfahrungen machen. Auch sagt er: „Bittet, so werdet ihr empfangen." (Johannes 16,24) Er wird seine Versprechen halten. Seine Verheißungen haben sich immer erfüllt – es ist gar nicht möglich, dass das einmal nicht geschieht. Und wenn unser Verhältnis zu Jesus immer enger wird und wir uns aus tiefstem Herzen an der Fülle seiner Liebe erfreuen, werden sich die dunklen Schatten und all unsere Zweifel im Licht seiner Gegenwart auflösen.

Der Apostel Paulus schreibt, dass Gott „uns errettet hat von der Macht der Finsternis und uns versetzt hat in das

Reich seines lieben Sohnes." (Kolosser 1,13) Und jeder, der vom Tod zum Leben hindurchgedrungen ist, kann „bestätigen, dass Gott wahrhaftig ist" (Johannes 3,33). Er kann bezeugen: „Ich benötigte Hilfe und fand sie in Jesus. Für jeden Mangel hat er Abhilfe geschaffen, den Hunger meiner Seele hat er gestillt. Und jetzt ist die Bibel für mich das Buch, in dem sich Jesus Christus offenbart. Du fragst mich, warum ich an Jesus glaube? Weil er für mich der göttliche Erlöser ist. Und warum ich an die Bibel glaube? Weil ich die Erfahrung gemacht habe, dass sie die Stimme Gottes ist, die zu meiner Seele spricht." Wir können anhand unserer eigenen Erfahrung die Bestätigung erhalten, dass die Bibel wahr und Christus der Sohn Gottes ist. Wir wissen dann, dass wir nicht „ausgeklügelten Fabeln" gefolgt sind.

Petrus ermahnt seine Brüder: „Wachset aber in der Gnade und Erkenntnis unseres Herrn und Heilands Jesus Christus." (2. Petrus 3,18 LUT) Wenn Gottes Nachfolger in der Gnade wachsen, wird ihr Verständnis für sein Wort kontinuierlich zunehmen. Sie werden in seinen heiligen Wahrheiten neues Licht und immer mehr Schönheit entdecken. So ist es zu allen Zeiten in der Geschichte der Gemeinde gewesen, und so wird es bis zum Ende bleiben. „Der Pfad des Gerechten ist wie der Glanz des Morgenlichts, das immer heller leuchtet bis zum vollen Tag." (Sprüche 4,18)

Im Glauben dürfen wir schon jetzt einen Blick in die zukünftige Welt werfen und uns an Gottes Versprechen für diese Zeit klammern: Unsere Verstandeskräfte werden zunehmen, die menschlichen Fähigkeiten werden sich mit den göttlichen vereinen, und alle Kräfte der Seele werden in direkten Kontakt mit der Quelle des Lichts gebracht werden. Alles was uns in der Art und Weise, wie Gott die Dinge auf Erden gelenkt hat, hier noch verwirrend erschien, wird uns dort ganz klar werden. Darauf dürfen wir uns jetzt schon freuen. Dinge, die wir nur schwer verstehen konnten, werden dann ihre Erklärung finden. Und wo unsere begrenzte Wahrnehmung nur Verwirrung und gescheiterte Pläne sah, werden wir höchst vollkommene und wunderschöne Harmonie entdecken. „Jetzt sehen wir die Dinge noch unvollkommen, wie in einem trüben Spiegel, dann aber werden wir alles in völliger Klarheit erkennen. Alles, was ich jetzt weiß, ist unvollständig; dann aber werde ich alles erkennen, so wie Gott mich jetzt schon kennt.“ (1. Korinther 13,12 NLB)

KAPITEL

13

DIE FREUDE IN CHRISTUS

Die Kinder Gottes sind dazu berufen, Repräsentanten von Christus zu sein und anderen die Güte und Barmherzigkeit des Herrn vorzuleben. So wie Jesus uns das wahre Wesen des Vaters offenbart hat, sollen wir Christus einer Welt bekanntmachen, die nichts von seiner zartfühlenden, mitleidvollen Liebe weiß. Jesus sagte: „Gleichwie du mich in die Welt gesandt hast, so sende auch ich sie in die Welt ... Ich in ihnen und du in mir ... damit die Welt erkenne, dass du mich gesandt hast." (Johannes 17,18.23) Der Apostel Paulus schreibt an die Nachfolger Jesu: „Es ist ja offenbar, dass ihr ein Brief des Christus seid ... erkannt und gelesen von jedermann." (2. Korinther 3,3.2) Jedes seiner Kinder ist ein Brief, den Jesus an die Welt sendet. Wenn du ein Nachfolger Christi bist, sendet er mit dir einen Brief an deine Familie, dein Dorf und deine Straße, in der du lebst. Jesus, der in dir wohnt, möchte zu den Herzen der Menschen sprechen, die ihn noch nicht kennen. Vielleicht lesen sie nicht in der Bibel oder hören nicht die Stimme, die aus ihren Seiten zu ihnen spricht. Sie können die Liebe Gottes, die sich an seinen Werken zeigt, nicht erkennen. Aber wenn du ein wahrer Repräsentant von Jesus bist, kann dein Einfluss sie vielleicht dahin bringen, dass sie anfangen, seine Güte zu begreifen, und schließlich dafür gewonnen werden, ihn ebenfalls zu lieben und ihm zu dienen.

Christen sind dazu bestimmt, Lichtträger zu sein, die den Weg zum Himmel weisen. Sie sollen vor der Welt das Licht widerspiegeln, das von Christus ausgeht und auf sie strahlt. Ihr Leben und ihr Charakter sollen so beschaffen sein, dass andere durch sie die richtige Vorstellung über Christus und ein Leben in seinem Dienst erhalten.

Wenn wir wirklich Christus repräsentieren, werden wir ein solches Leben für ihn als möglichst attraktiv darstellen – so wie es tatsächlich auch ist. Wenn Christen hingegen ständig düsteren und trüben Gedanken nachhängen sowie murren und klagen, stellen sie Gott und das Leben eines Christen in einem falschen Licht dar. Sie erwecken den Eindruck, als habe Gott kein Gefallen daran, seine Kinder glücklich zu sehen, und damit legen sie von unserem himmlischen Vater ein falsches Zeugnis ab.

Satan frohlockt, wenn er die Kinder Gottes zu Unglauben und Verzagtheit verführen kann. Er ergötzt sich daran, wenn wir Gott nicht vertrauen und an seiner Bereitschaft und Fähigkeit, uns zu retten, zweifeln. Nichts ist ihm lieber, als wenn er in uns den Eindruck erwecken kann, der Herr würde uns durch die Art und Weise, wie er die Umstände lenkt, Schaden zufügen. Satan arbeitet darauf hin, Gott als jemanden darzustellen, dem es an Mitgefühl und Erbarmen mangelt. Er verdreht die Wahrheit über Gott und überflutet unser Denken mit falschen Vorstellungen über ihn. Und anstatt uns ausführlich mit dem wahren Wesen unseres himmlischen Vaters zu beschäftigen, konzentriert sich unser Denken nur allzu oft auf Satans Falschdarstellungen. Damit entehren wir Gott, weil wir ihn mit Argwohn betrachten und gegen ihn aufbegehren. Es ist Satans ständiges Ziel, das Glaubensleben als etwas Düsteres darzustellen. Er bemüht sich, es als beschwerlich und kompliziert erscheinen zu lassen. Und wenn dann ein Christ durch sein Leben diesen falschen Eindruck vom Glauben vermittelt, unterstützt er mit seinem Unglauben die Lügen Satans.

Viele Menschen erschweren sich ihren Lebensweg, indem sie ständig über ihre Fehler, Versäumnisse und Enttäuschungen nachdenken, sodass ihre Herzen mit Kummer und Entmutigung belastet werden. Während meines Europa-Aufenthaltes schrieb mir eine Glaubensschwester, die genau dieses Verhalten an den Tag legte und völlig verzweifelt war. Sie bat mich um einige ermutigende Worte. In der Nacht, nachdem ich ihren Brief gelesen hatte, hatte ich einen Traum. Ich befand mich in einem Garten, und jemand – offensichtlich der Gartenbesitzer – führte mich herum. Ich pflückte verschiedene Blumen und erfreute mich an ihrem Duft, als die besagte Schwester, die im Traum neben mir herging, meine Aufmerksamkeit auf einige unansehnliche Dornensträucher lenkte, die sie beim Gehen behinderten. Sie fing an zu klagen und zu jammern. Sie ging nicht wie ich auf dem Pfad hinter unserem Führer her, sondern versuchte, sich ihren eigenen Weg durch das Gestrüpp und die Dornen zu bahnen. „Ach", beklagte sie sich, „ist es nicht ein Jammer, dass dieser wunderschöne Garten so von Dornen verunstaltet ist?" Da sagte der Führer: „Kümmere dich nicht um die Dornen, sie werden dir nur Wunden zufügen. Pflücke lieber die Rosen, die Lilien und Nelken."

Gab es in deinem Leben nicht auch Lichtblicke und positive Erfahrungen? Hast du nicht kostbare Momente erlebt, wenn dein Herz vor Freude höher schlug, weil der Heilige Geist an dir wirkte? Findest du, wenn du die einzelnen Kapitel deines Lebens aufschlägst, nicht auch erfreuliche Seiten? Sind Gottes Verheißungen nicht wie die duftenden Blumen, die überall entlang deines Lebenswegs wachsen? Lass doch zu, dass ihre Schönheit und ihr lieblicher Wohlgeruch dein Herz mit Freude erfüllen!

Die Dornen und Disteln werden dich nur verletzen und dir Kummer bereiten. Wenn du nur diese Dinge sammelst und anderen präsentierst – trägst du dann nicht dazu bei, dass du für andere in deinem Umfeld ein Hinderungsgrund bist, den Weg des Lebens zu gehen? Ganz abgesehen davon, dass auch du selbst die Güte Gottes geringschätzig behandelst?

Es ist nicht weise, die unerfreulichen Dinge unserer Vergangenheit – all die Ungerechtigkeiten und Enttäuschungen – ständig neu in Erinnerung zu rufen und darüber zu sprechen und zu jammern. Schließlich wird uns die Entmutigung ganz niederdrücken. Im Inneren eines mutlosen Menschen herrscht nur noch Finsternis. Er schließt nicht nur das Licht Gottes aus seiner eigenen Seele aus, sondern wirft auch einen dunklen Schatten auf den Lebensweg anderer Menschen.

Danke Gott vielmehr für die hoffnungsvollen, strahlenden Aussichten, die er uns vor Augen gestellt hat. Lasst uns all die wunderbaren Zusicherungen seiner Liebe zusammentragen, damit wir sie ständig im Blick behalten können: Wie der Sohn Gottes den Thron seines Vaters verließ und seine Göttlichkeit mit der menschlichen Natur überkleidete, damit er den Menschen retten und der Macht Satans entreißen konnte; wie er für uns den Sieg errang und so dem Menschen den Himmel eröffnete und seinen Blicken das göttliche „Audienzzimmer" enthüllte, in dem Gottes Herrlichkeit sichtbar wird; wie er die gefallene Menschheit aus dem Abgrund des Verderbens emporzog, wohin die Sünde sie gestürzt hatte, und sie wieder in Verbindung mit dem ewigen Gott brachte; wie wir einmal in dem weißen Kleid der Gerechtigkeit Christi vor seinem Thron stehen werden, wenn wir Gottes Bewährungsprobe durch den Glauben an unseren Erlöser bestanden haben. Dies sind die Themen, die wir uns nach Gottes Willen stets vor Augen halten sollen.

Wenn wir den Anschein erwecken, dass wir Gottes Liebe anzweifeln und seinen Verheißungen misstrauen, entehren wir Gott und betrüben seinen Heiligen Geist. Wie würde sich eine Mutter fühlen, wenn sich ihre Kinder ununterbrochen über sie beklagten, gerade so, als hätte sie nicht ihr Bestes im Sinn, während sie doch in Wirklichkeit ihr ganzes Leben dafür aufgeopfert hat, sich für die Interessen ihrer Kinder einzusetzen und ihnen Geborgenheit zu geben? Stell dir vor, sie würden ihre Liebe anzweifeln – es würde ihr das Herz brechen. Würden nicht alle Eltern genauso fühlen, wenn ihre Kinder sie auf diese Weise behandelten? Und wie mag unser himmlischer Vater uns gegenüber empfinden, wenn wir seiner Liebe misstrauen? Schließlich hat ihn doch diese Liebe dazu gebracht, seinen einzigen Sohn hinzugeben, damit er uns das Leben schenken kann. Der Apostel Paulus schreibt: „Er, der sogar seinen eigenen Sohn nicht verschont hat, sondern ihn für uns alle dahingegeben hat, wie sollte er uns mit ihm nicht auch alles schenken?" (Römer 8,32) Trotzdem gibt es so viele, die, wenn auch nicht mit Worten, so doch durch ihr Verhalten zum Ausdruck brigen: „Ich bin hier nicht gemeint. Vielleicht liebt Gott andere Menschen, aber sicher nicht mich."

Mit einer solchen Haltung fügst du deiner eigenen Seele Schaden zu, denn jedes Wort des Zweifels, das du äußerst, ist eine Einladung an Satan, dich anzufechten. Auch wird dadurch in dir die Neigung zum Zweifeln verstärkt, und die dich umgebenden Engel wenden sich betrübt von dir ab. Wenn Satan dich verunsichern möchte, solltest du nicht die leiseste Andeutung eines Zweifels oder trüben Gedankens machen. Wenn du hingegen seinen Einflüsterungen die Tür öffnest, werden deine Gedanken von Misstrauen und rebellischem Infragestellen erfüllt. Wenn du laut über deine Gefühle sprichst, wird jeder Zweifel, den du äußerst, nicht nur auf dich selbst zurückwirken, sondern er ist wie ein Same, der im Leben anderer Menschen aufgeht und Früchte trägt, und du wirst die Auswirkungen deiner Worte vielleicht niemals wiedergutmachen können. Du selbst schaffst es vielleicht, unbeschadet aus der Anfechtung Satans hervorzugehen und seinem Fallstrick zu entkommen, aber andere, die durch deinen Einfluss ins Schwanken geraten sind, können womöglich aus der

Glaubenskrise, die du in ihnen ausgelöst hast, nicht wieder herausfinden. Wie wichtig ist es daher, dass nur solche Dinge über unsere Lippen kommen, die eine belebende und stärkende Wirkung auf unser geistliches Leben haben!

Engel achten und hören auf die Art und Weise, wie du in deinem Umfeld über deinen himmlischen Herrn sprichst. Er, der als der Lebendige vor dem Vater als dein Fürsprecher auftritt, sollte der Gegenstand deiner Unterhaltung sein. Wenn du einem Freund die Hand reichst, lass das Lob Gottes auf deinen Lippen und in deinem Herzen sein. So wirst du seine Gedanken auf Jesus lenken.

Wir alle gehen durch Prüfungen. Das können Versuchungen sein, denen wir kaum widerstehen können, oder schwer zu ertragendes Leid. Das, was dich bedrückt, solltest du aber nicht sterblichen Mitmenschen anvertrauen, sondern alles im Gebet vor Gott bringen. Mach es dir zur Regel, niemals auch nur ein Wort des Zweifels oder der Entmutigung über deine Lippen kommen zu lassen. Du kannst so viel dazu beitragen, Licht in das Leben anderer zu bringen, und sie in ihren Bemühungen unterstützen, indem du sie mit Worten der Hoffnung und heiliger Freude aufmunterst.

So manch tapfere Seele wird hart von Versuchungen bedrängt, und es fehlt nicht viel, dass solch ein Mensch im Kampf gegen das eigene Ich und gegen die Mächte des Bösen unterliegt. Tue nichts, was einen solch heftig ringenden Menschen entmutigen könnte. Muntere ihn mit hoffnungsvollen, ermutigenden Worten auf, die ihn auf seinem Weg anspornen. Auf diese Weise kannst du das Licht Christi für andere scheinen lassen. „Keiner von uns lebt für sich selbst." (Römer 14,7) Durch unseren unbewusst ausgeübten Einfluss können wir andere entweder ermutigen und stärken oder entmutigen und von Christus und der Wahrheit wegtreiben.

Es gibt nicht wenige Menschen, die vom Leben und Wesen Christi eine falsche Vorstellung haben. Sie denken, dass ihm Herzenswärme und ein sonniges Gemüt fehlten, dass er freudlos, streng und immer nur ernst war. Häufig färbt diese düstere Sicht auf das ganze Glaubensleben ab.

Oft wird behauptet, Jesus habe geweint, ob er aber jemals gelächelt habe, sei nicht bekannt. Unser Erlöser war in der Tat ein Mann der Schmerzen, mit Kummer und Leiden vertraut, denn nie verschloss er sein Herz gegenüber dem Leid auch nur eines Menschen. Aber obwohl sein Leben von Selbstverleugnung geprägt und von Schmerz und Sorge überschattet war, ließ er sich davon nicht niederdrücken. Nie konnte man in seinen Gesichtszügen einen leidenden oder mürrischen Ausdruck wahrnehmen, sondern immer waren sie von einer friedvollen Gelassenheit und Heiterkeit geprägt. Aus seinem Herzen sprudelte fortwährend das Wasser des Lebens, und wohin er auch kam, strahlte er Ruhe und Frieden aus und verbreitete Freude und Fröhlichkeit.

Unser Erlöser war ein äußerst verantwortungsbewusster und tiefernster Mensch, aber er war niemals trübsinnig oder missmutig. Das Leben derer, die sich ihn zum Vorbild nehmen, wird von ernster Zielstrebigkeit und tiefem Bewusstsein persönlicher Verantwortung geprägt sein. Der Leichtfertigkeit wird kein Raum gegeben; wilde Vergnügungen und derbe Witze wird man bei ihnen nicht finden. Vielmehr entspringt dem Glauben an Jesus ein Friede, der wie ein Strom die Seele durchdringt. Die hellen Strahlen der Freude werden dadurch nicht ausgelöscht. Auch muss weder Fröhlichkeit noch ein strahlendes Lächeln im Gesicht unterdrückt werden. Christus kam nicht, um sich dienen zu lassen, sondern um zu dienen; und wenn seine Liebe im Herzen regiert, werden wir seinem Beispiel folgen.

Wenn wir unser Augenmerk in erster Linie darauf konzentrieren, wie unfreundlich und ungerecht sich andere Menschen verhalten, wird es uns nicht möglich sein, sie so zu lieben, wie Christus uns geliebt hat. Doch wenn wir unsere Gedanken ganz auf die erstaunliche Liebe Christi und sein tiefes Mitgefühl uns gegenüber richten, dann wird derselbe

Geist uns erfassen und zu unseren Mitmenschen überströmen. Wir sollten einander lieben und respektieren, ungeachtet der Fehler und Unvollkommenheiten, die uns nicht verborgen bleiben können. Wir sollten uns selbst nicht zu wichtig nehmen und eine Haltung der Bescheidenheit und Demut pflegen sowie geduldig und liebevoll mit den Schwächen anderer umgehen. Das wird alle Selbstsucht, die unser Blickfeld einengt, auslöschen und uns weitherzig und großzügig werden lassen.

Der Psalm-Dichter schreibt: „Vertraue auf den Herrn und tue Gutes, dann wirst du im Lande sicher leben, und es wird dir gut gehen." (Psalm 37,3 NLB) „Vertraue auf den Herrn!" Jeder Tag bringt seine eigenen Lasten, Sorgen und Herausforderungen mit sich; und wie schnell sind wir bereit, bei der Begegnung mit anderen über unsere Schwierigkeiten und widrigen Lebensumstände zu sprechen. So viele unnötige Sorgen bedrängen uns, so vielen Befürchtungen gibt man sich hin, so bedrückend ist die Last von Ängsten, dass andere, die uns hören, meinen könnten, wir würden nichts von einem mitfühlenden, liebenden Erlöser wissen, der nur darauf wartet, dass wir ihm all unsere Bitten vortragen und er uns in jeder Notlage zur Seite stehen kann.

Manche Menschen geben sich ständig irgendwelchen Befürchtungen hin und machen sich unnötige Sorgen. Jeden Tag sind sie von vielerlei Beweisen der Liebe Gottes umgeben. Jeden Tag dürfen sie sich der Wohltaten seiner Fürsorge erfreuen, doch scheinen sie diese offensichtlich vorhandenen Segnungen gar nicht wahrzunehmen. Ihr Denken beschäftigt sich ununterbrochen mit irgendwelchen unangenehmen Dingen, die sie, so ihre Befürchtung, treffen könnten. Oder vielleicht stehen sie tatsächlich vor einer Herausforderung, die, obwohl nur eine Kleinigkeit, ihre Wahrnehmung so trübt, dass sie blind für die vielen anderen Dinge werden, für die sie dankbar sein müssten. Eigentlich sollten die Schwierigkeiten, denen sie begegnen, ihren Blick auf Gott lenken, die einzige

Quelle ihrer Hilfe. So hingegen trennen ihre Probleme sie von Gott, weil sie in ihnen Ruhelosigkeit und Unzufriedenheit auslösen.

Was bringt uns unser Unglaube? Warum sollten wir so undankbar und misstrauisch sein? Jesus ist doch unser Freund. Der ganze Himmel hat ein Interesse daran, dass es uns gut geht. Wir sollten nicht zulassen, dass die Schwierigkeiten und Sorgen des Alltags unsere Gedanken beunruhigen und Sorgenfalten auf unsere Stirn treiben. Es wird immer Anlass zu Irritationen und Ärger geben, wenn wir diesen Dingen Raum geben. Wir sollten uns nicht von einem Sorgengeist beherrschen lassen, der uns nur quält und aufreibt, aber nichts dazu beiträgt, dass unsere Prüfungen leichter zu ertragen sind.

Vielleicht laufen deine Geschäfte nicht, wie sie sollten. Möglicherweise werden die Aussichten zusehends trüber, und es droht Verlust. Aber lass dich nicht unterkriegen. Wirf deine Sorge auf Gott und bleibe ruhig und guten Mutes. Bete um Weisheit, damit du deine geschäftlichen Angelegenheiten nach bestem Wissen und mit Besonnenheit handhaben und so unnötige Verluste oder gar eine Katastrophe verhindern kannst. Tu alles, was von deiner Seite aus möglich ist, um die Sache zu einem guten Ausgang zu bringen. Jesus hat uns seine Hilfe zugesagt, aber dazu gehört, dass wir selbst das Unsere beitragen. Wenn du im Vertrauen auf unseren Helfer alles getan hast, was in deiner Macht steht, dann kannst du guten Mutes den Ausgang einer Sache akzeptieren.

Gott möchte nicht, dass seine Nachfolger von Sorgen niedergedrückt werden, aber unser Herr macht uns auch nichts vor. Er sagt nicht zu uns: „Hab keine Angst. Es gibt auf deinem Weg keinerlei Gefahren." Er weiß, dass es herausfordernde Lebensumstände und Gefahren gibt, und er geht uns gegenüber ganz offen mit diesen Dinge um. Er hat nicht die Absicht, seine Nachfolger aus dieser sündigen und bösen Welt herauszunehmen, sondern weist sie vielmehr auf einen stets sicheren Zufluchtsort hin. Sein Gebet für seine Jünger lautete: „Ich bitte nicht, dass du sie aus der Welt nimmst, sondern dass du sie bewahrst vor dem Bösen." „In der Welt habt ihr Bedrängnis, aber seid getrost, ich habe die Welt überwunden!" (Johannes 17,15; 16,33)

In der Bergpredigt erteilte Christus seinen Jüngern wertvolle Lektionen darüber, wie unerlässlich es ist, Gott zu vertrauen. Diese Lehren hatten den Zweck, den Kindern Gottes durch alle Zeitalter hindurch Mut zu machen, und ihre Anweisungen und trostvollen Botschaften sind auch in unserer heutigen Zeit noch relevant. Der Erlöser wies seine Nachfolger auf die Vögel in der Luft hin, wie sie – unbelastet von sorgenvollen Gedanken – ihre Loblieder trällerten, denn „sie säen nicht und ernten nicht", und doch sorgt ihr großer Vater für ihre Bedürfnisse. Dann fragt Jesus: „Seid ihr nicht viel mehr wert als sie?" (Matthäus 6,26) Gott ist der große Ernährer und Versorger für Mensch und Tier, und er öffnet seine Hand und versorgt alle seine Geschöpfe. Selbst die Vögel am Himmel sind seiner Beachtung wert. Zwar lässt er ihnen das Futter nicht direkt in den Schnabel fallen, aber er hat Vorsorge für ihre Bedürfnisse getroffen. Sie müssen die Körner, die er für sie ausgestreut hat, einsammeln. Sie müssen das Material für den Bau ihrer kleinen Nester zusammensuchen. Sie müssen ihre Brut füttern. Singend machen sie sich an ihre Arbeit, denn „euer himmlischer Vater ernährt sie." Und „seid ihr nicht viel mehr wert als sie?" Seid nicht ihr als vernunftbegabte Wesen, die Gott im Geist anbeten, wertvoller als die Vögel in der Luft? Wird nicht der, der uns als Wesen erschaffen hat und auch der Erhalter unseres Lebens ist, der Eine, der uns nach seinem göttlichen Ebenbild geformt hat, für all unsere Bedürfnisse sorgen, wenn wir ihm nur vertrauen?

Christus wies seine Jünger auch auf die Blumen des Feldes hin, die in verschwenderischer Fülle und Pracht wachsen und in schlichter Schönheit erstrahlen. Es ist der himmlische Vater, der sie als Ausdruck seiner Liebe zum Menschen so ausgestattet hat. Jesus sagte: „Betrachtet die Lilien des Feldes, wie sie wachsen!“ Die Schönheit und Schlichtheit dieser Blumen aus der Natur übertrifft bei weitem den Prunk Salomos. Selbst die prächtigste Kleidung, die menschliche Kunstfertigkeit herzustellen vermag, kann einem Vergleich mit dem natürlichen Liebreiz und der strahlenden Schönheit der Blumen in Gottes Schöpfung nicht standhalten. Jesus fragt: „Wenn nun Gott das Gras des Feldes, das heute steht und morgen in den Ofen geworfen wird, so kleidet, wird er das nicht viel mehr euch tun, ihr Kleingläubigen?“ (Matthäus 6,28.30) Wenn Gott, der himmlische Künstler, diese einfachen Blumen, die innerhalb eines Tages verwelken, mit solch zarten und vielfältigen Farben ausstattet, um wie viel größer wird seine Fürsorge für diejenigen sein, die er nach seinem Ebenbild geschaffen hat! Diese Lehren Christi sind eine Mahnung an jeden, der sich von ängstlichen Gedanken, schwierigen Umständen und Zweifeln niederdrücken lässt – all diese Dinge sind ein Ausdruck mangelnden Glaubens.

Gott wünscht sich, dass alle seine Söhne und Töchter glücklich und gehorsam sind sowie Frieden im Herzen haben. Jesus sagt: „Meinen Frieden gebe ich euch. Nicht wie die Welt gibt, gebe ich euch; euer Herz erschrecke nicht und verzage nicht.“ „Das habe ich euch gesagt, auf dass meine Freude in euch sei und eure Freude vollkommen werde.“ (Johannes 14,27; 15,11 LUT)

Wer aus selbstsüchtigen Motiven danach strebt, glücklich zu werden, und dabei den Pfad der Pflicht verlässt, wird feststellen, dass dieses Glück einseitig, launenhaft und von kurzer Dauer ist. Schnell verfliegt es wieder, und stattdessen erfüllen Einsamkeit und trübe Gedanken die Seele. Im Dienst für Gott hingegen kann der Mensch Freude und Erfüllung finden. Der Christ ist auf seinem Lebensweg nicht der Ungewissheit ausgeliefert. Es bleibt ihm erspart, überflüssige Dinge bereuen oder sich mit unnötigen Enttäuschungen herumquälen zu müssen. Wenn uns die Freuden des Lebens hier auf dieser Erde versagt bleiben, dann kann uns doch der Ausblick auf das zukünftige Leben schon hier freudig stimmen.

Schon auf dieser Erde dürfen sich Christen an der Gemeinschaft mit Christus erfreuen. Der helle Schein seiner Liebe sowie der Trost seiner fortwährenden Gegenwart sind ihnen gewiss. Jeder Schritt im Leben kann uns näher zu Jesus führen, kann uns eine noch tiefere Erfahrung mit seiner Liebe schenken und uns der himmlischen Heimat ewigen Friedens einen Schritt näherbringen. Lasst uns darum unser Vertrauen nicht wegwerfen, sondern uns entschiedener denn je auf die feste Zusicherung verlassen: „Bis hierher hat der Herr uns geholfen" (1. Samuel 7,12), und er wird uns bis zum Ende beistehen! Lasst uns auf all seine Segnungen schauen, die wie monumentale Gedenksteine an das erinnern, was der Herr getan hat, um uns Mut und Trost zuzusprechen und uns aus der Hand des Verderbers zu erretten. Wir sollten all die liebevollen Gnadentaten, die Gott uns erwiesen hat, in frischer Erinnerung behalten. Er war es, der die Tränen abgewischt, die Schmerzen gelindert, Sorgen und Ängste zerstreut, unsere Bedürfnisse befriedigt und allerlei Segnungen geschenkt hat. Dies wird uns Kraft für all das verleihen, was auf unserem Lebensweg noch vor uns liegen mag.

Wir müssen uns darauf einstellen, dass wir in dem Kampf, der dieser Welt bevorsteht, mit weiteren Schwierigkeiten konfrontiert werden, aber wir dürfen sowohl im Blick auf unsere Vergangenheit als auch auf die kommenden Ereignisse feststellen: „Bis hierher hat der Herr uns geholfen." (1. Samuel 7,12) Es wird uns versichert, dass uns gerade so viel Kraft gegeben wird, wie wir für den jeweiligen Tag brauchen (vgl. 5. Mose 32,25). Unsere Prüfungen werden niemals größer sein als die Kraft, die uns zu ihrer Bewältigung verliehen wird. Lasst uns also unsere Arbeit, was auch immer gerade anfällt, anpacken und glauben, dass uns – egal was geschieht – jenes Maß an Stärke geschenkt werden wird, das wir entsprechend der Schwere der Prüfung benötigen.

Schon sehr bald werden die Tore des Himmels weit aufgetan werden, um Gottes Kindern Einlass zu gewähren. Von den Lippen des Königs der Herrlichkeit werden sie den Segensspruch vernehmen, den er über sie ausspricht und der in ihren Ohren wie die allerschönste Musik klingen wird: „Kommt her, ihr Gesegneten meines Vaters, und erbt das Reich, das euch bereitet ist seit Grundlegung der Welt." (Matthäus 25,34)

Dann werden die Erlösten in der himmlischen Heimat, die Jesus für sie vorbereitet hat, willkommen geheißen. Sie werden dort nicht mehr von den Übeltätern dieser Erde umgeben sein – von Lügnern, Götzendienern, Unmoralischen und Gottlosen. Sie werden sich vielmehr der Gesellschaft derer erfreuen, die Satan überwunden und dank der göttlichen Gnade einen vollkommenen Charakter entwickelt haben. Jede sündhafte Neigung, jede Unvollkommenheit, die ihnen auf dieser Erde zusetzte, wird durch das Blut Christi weggewaschen worden sein, und die vollkommene Schönheit und der Glanz seiner Herrlichkeit, der die Helligkeit der Sonne weit überstrahlt, wird ihnen verliehen werden. Die Vollkommenheit des Charakters Christi, die Schönheit seiner Tugend, wird aus ihnen heraus strahlen, wobei diese inneren Werte die äußerlich sichtbare Pracht noch weit übertreffen. Ohne Makel stehen sie vor dem großen weißen Thron, und sie haben Anteil an der erhabenen Würde und den Vorrechten der Engel.

Angesichts des herrlichen Erbes, das dem Menschen in Aussicht gestellt ist, müssen wir uns fragen: „Gibt es etwas Kostbareres als die Seele?" (Matthäus 16,26 NLB) Mag ein Mensch auch arm sein, er besitzt einen inneren Reichtum und eine Würde, die ihm die Welt niemals geben kann. Ein erlöster und von Sünde gereinigter Mensch, dessen ganzes Potenzial und all seine edlen Anlagen dem Dienst für Gott gewidmet sind, hat einen unermesslichen Wert. Die Erlösung einer einzigen Seele löst im Himmel in der Gegenwart Gottes und der heiligen Engel eine unaussprechliche Freude aus – eine Freude, die in heiligen, jubelnden Siegesgesängen ihren Ausdruck findet.

WIE ALLES BEGANN
Von der Schöpfung bis zum König David

MACHT UND OHNMACHT
Das geteilte Israel und die große Verheißung

DER SIEG DER LIEBE
Das Leben von Jesus Christus

GUTE NACHRICHT FÜR ALLE
Das Evangelium durchdringt das römische Reich

VOM SCHATTEN ZUM LICHT
Der große Kampf zwischen Gut und Böse

BEZUGSADRESSEN

Advent-Verlag Schweiz	info@advent-verlag.ch www.advent-verlag.ch 0041 (0) 511 11 99
Top Life Wegweiser-Verlag	info@toplife-center.com www.toplife-center.com 0043 (0) 1 2294000
Advent-Verlag Lüneburg	info@advent-verlag.de www.adventist-media.de 0049 (0) 4131 9835 02

INSPIRIEREND – MOTIVIEREND – EINZIGARTIG

DIE GESCHICHTE DER HOFFNUNG

VON ELLEN G. WHITE

Dieses fünfbändige Werk der bekannten christlichen Schriftstellerin Ellen G. White ist ein einzigartiger Begleiter durch die gesamte Geschichte der Bibel. Die wichtigsten Stationen von der Schöpfung bis zur Neuschöpfung der Welt werden in anschaulicher Sprache lebendig nachgezeichnet.

DIE HÖRBUCHREIHE

Advent-Verlag Schweiz   Top Life Center

WIE ALLES BEGANN

Von der Schöpfung bis zum König David

MACHT UND OHNMACHT

Das geteilte Israel und die große Verheißung

DER SIEG DER LIEBE

Das Leben von Jesus Christus

GUTE NACHRICHT FÜR ALLE

Das Evangelium durchdringt das römische Reich

VOM SCHATTEN ZUM LICHT

Der große Kampf zwischen Gut und Böse

BEZUGSADRESSEN

Advent-Verlag Schweiz	info@advent-verlag.ch www.advent-verlag.ch 0041 (0) 511 11 99
Top Life Wegweiser-Verlag	info@toplife-center.com www.toplife-center.com 0043 (0) 1 2294000
Advent-Verlag Lüneburg	info@advent-verlag.de www.adventist-media.de 0049 (0) 4131 9835 02

QUELLENVERZEICHNIS

Bildnachweise:

S. 10 istockphoto/powerofforever;
S. 20 istockphoto/AVTG;
S. 28 istockphoto/kikkerdirk;
S. 44 istockphoto/-oxygen-;
S. 52 istockphoto/powerofforever;
S. 60 istockphoto/borchee;
S. 70 istockphoto/JeremyRichards;
S. 82 istockphoto/borchee;
S. 94 istockphoto/mammuth;
S. 104 istockphoto/Gosiek-B;
S. 114 istockphoto/idizimage;
S. 128 istockphoto/shannonstent;
S. 140 istockphoto/ShaneMyersPhoto;

Bibelzitate:

Die Bibelzitate sind – falls nichts anderes vermerkt ist – der Schlachter-Bibel Version 2000, © 2003, Genfer Bibelgesellschaft, entnommen.

Ansonsten bedeuten:

ELB = Revidierte Elberfelder Bibel, © 1985, 1991, 2006 SCM R. Brockhaus im SCM-Verlag GmbH & Co. KG, Witten.

GNB = Gute Nachricht Bibel, revidierte Fassung, durchgesehene Ausgabe in neuer Rechtschreibung, © 2000 Deutsche Bibelgesellschaft, Stuttgart; hrsg. zusammen mit dem Katholischen Bibelwerk, Stuttgart.

HFA = Hoffnung für alle – Die Bibel, revidierte Fassung, © 1983, 1996, 2002 International Bible Society, Brunnen-Verlag, Basel und Gießen.

LUT = Die Bibel nach der Übersetzung Martin Luthers, revidierte Fassung 2017, © 2016 Deutsche Bibelgesellschaft, Stuttgart.

NLB = Neues Leben. Die Bibel, © 2002, 2006 SCM Hänssler im SCM-Verlag GmbH & Co. KG, Witten.